KB170560

긍정의 온도

CHANGE

1%의 변화를 꿈꾸는

긍정의 온도

이
창
호

붉은주

그동안 우리는 보통 사람들의 범주를 뛰어넘는 탁월한 성공을 거둔 사람들을 보며 감성지능과 열정이 뛰어나다고 생각한다. 우리는 하루에도 수천수만 가지 감정을 느낀다. 느끼는 감정은 오롯이 우리의 것이지만 그것을 다루기란 여간 어려운 일이 아니다. 대부분의 사람들이 "감정은 상황에 따라 변화무쌍하게 일어나는 것이며 그때그때 잘 대응하는 것만이 최선의 방법"이라고 말한다. 그러나 감정은 그 정체를 잘 파악하고 대처법을 알면 자신이 원하는 대로 충분히 다룰 수 있다. 즉, 자신이 선택하고 통제할 수 있는 대상이라는 말이다.

혹시 지금 당신은 부정적인 감정에 압도되어 힘겨워하고 있지는 않은가? 결론부터 말하자면, 마음에 어두운 먹구름이 일어나는 원인을 알아야 마음이 평온한 상태에 도달할 수 있다. 또한 엉뚱한 곳에서 해결책을 찾느라 시간과 비용과 노력을 낭비하는 일을 멈출 수 있다.

부정적인 감정은 우리가 일상에서 흔히 느끼는 감정이다. 부정적인 감정이 일어나는 것은 삶에 긴장감과 주의력을 높이고 인생을 다채롭게 만드는 순기능도 있다. 그러나 부정적인 감정이 빈번하게 일어나거나 정상적인 생활이 힘들 정도로 심각하다면, 특별한 조치가 반드시 필요하다. 그렇다면 우리는 과연 어떻게 해야 할까?

현대사회를 살아가는 우리는 심각한 부정적인 감정들로 인한 여러 가지 증상을 겪고 있다. 길거리 폭력, 직장 내 폭력, 약물 중독 등은 부정적인 감정이 드러나는 많은 방식 중 일부에 불과하다. 부정적인 감정에서 비롯되었다고 추측해 볼 수 있는 파괴적인 행동, 특히 위장된 형태로 드러나는 증상 때문에 수많은 사람이 술과 마약에 중독되고, 인간관계가 원활치 못하며, 항우울제에 의존하고, 비만에 시달린다.

지금은 하루가 다르게 빠르게 변화하기를 요구하는 시대이다. 이러한 세상에서 우리는 어느 때보다 고요하고 평화로운 삶을 원한다. 우리는 삶을 장악하는 부정적인 감정을 몰아내고, 건강하고 활기차게 마음의 안정을 되찾아야 한다. 자신의 마음과 영혼에 깊은 안식을 주고 나아가 부정적인 감정과 동반하여 나타나는 신체적인 아픔과 고통에서 벗어나야 한다.

자신의 감정을 스스로 통제하는 법을 알아야만 부정적인 감정에 압도되지 않는 삶, 스스로 자기감정을 통제하고 유지하는 삶을 살 수 있고, 결국 인생의 깊은 기쁨과 만족을 느끼게 될 것이다.

많은 사람이 힘겨워하는 부정적인 감정의 대처법을 상세히 알게 된다면, 불필요한 감정 소모를 하지 않을 수 있다. 또한 업무와 공부의 능률도 올라가며 인간관계도 눈에 띄게 좋아질 것이다. 《긍정의 온도》는 바로, 여러분에게 자신이 원하는 감정 상태로 삶을 통제하는 방법을 친절하게 알려줄 해답이다.

그간 감정이라는 것은 주로 모호하고 추상적인 언어로 소통되고 정의 내려지기 일쑤였다. 또 순전히 개인의 몫으로만 남겨져 있었기에 더욱이 다루기 힘든 것이 바로 감정이었다. 그렇다면 《긍정의 온도》를 통해 해답을 찾는데 어떤 도움을 받을 수 있는지 알아보자. 첫번째로 이 책은 다분히 명확한 언어로 감정의 본질을 밝혀 누구나 그 원리를 이해할 수 있게 돕는다. 나아가 감정에 대한 본질적이고 객관적인 이해를 전달함으로써 과장하지 않으면서도 강렬한 실천 의지를 불러일으킨다.

자신의 감정을 잘 다스리는 것은 행복한 삶을 사는 데 매우 중요한 역할을 한다. 특히, 부정적인 감정에 사로잡혀 있는 사람들의 경우, 감정을 잘 다스린다면 부정적인 어둠에서 다시 긍정적인 방향으로 자신의 삶을 통제할 수 있을 것이다.

코로나로 인해 세계는 코로나 전과 후로 나뉠 만큼 큰 변화를 겪게 될 것이라고 많은 전문가가 전망한다. 세계 경제가 위축되고 관계까지 축소되는 시대라면, 내면의 평화와 안정이 삶에 미치는 영향에 큰 요소로 작용할 수밖에 없다. 부의 과시나 소비의 즐거움이 차지했던 만족감의 자리를 오롯한 내적 평화의 힘이 대신하지 못한다면 개인도, 사회도 그 공허함을 견디기 어려울 것이다.

두번째로 이 책은 누구나 자기감정의 상태를 선명하게 인식하고 그를 바탕으로 자기감정의 주인이 될 수 있게 돕는 책이다. 감정이 흔들리지 않으면 삶도 흔들리지 않는다. 이 책을 읽은 많은 사람이 외적인 조건에 흔들리지 않는 단단한 자존감과 정서적 편안함을 누리게 되리라 확신한다.

마지막으로 이 책은 변화무쌍한 얼굴을 가진 우리의 감정을 이해하고, 강렬한 감정을 다스리는 보편적이고도 구체적인 방법을 알려준다. 꾸준한 학습훈련을 통해 감정 기복에서 벗어나 평온한 마음을 찾을 수 있는 길이 열릴 것이다.

이 한 권의 책이 독자 여러분에게 큰 기쁨과 만족을 드리며 꿈과 비전을 실현하는 발판이 되길 바란다.

일생을 바쳐 강의를 좋아하고, 실천학문을 중요시하는 필자가 토정로 서재에서

이창호(李昌虎)

목
차

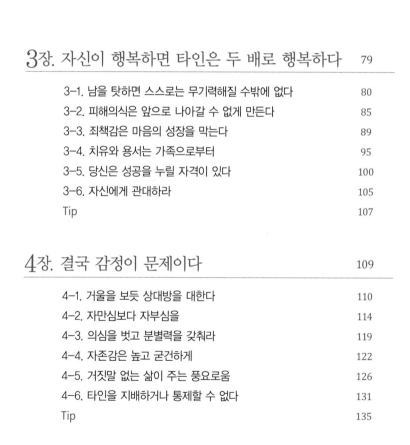

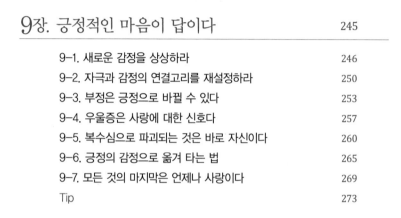

1장.

나는 남들보다
예민한가

1-1.

감정을 잃고 길을 헤매다

　일반적으로 사람들은 보통 타인과의 상호작용을 통해 자신이 누구인지, 얼마나 가치 있는 사람인지 등 자아정체성을 형성하게 되는가 하면, 감정적인 문제 상황과 맞닥뜨렸을 때 어떻게 대처해야 하는지 역시도 배우게 된다. 평소 자신의 감정을 다루는 데 문제가 있는 사람의 행동 성향을 분석해 보면 타인과의 상호작용 속에서 애초에 그것이 잘못 형성된 경우가 대부분이다.

　오히려 그들은 타인이 자신을 이해하지 못한다고 말한다. 타인이 자신의 감정을 이해하지 못하고 수용하지 않아 타인과 자신 사이의 상호작용이 원만하게 이루어지지 않을 경우, 그는 자신의 감정을 조절하지 못하고 점점 더 극단적인 행동으로 자신의 감정을 표출할 가능성이 커진다. 주위에서 흔히 볼 수 있는 극단적인 감정 표출의 예를 들자면, 아직 나이 어린 초등학생이 성적이 떨어진 것을 비관해 좌절 끝에 스스로 목숨을 끊고 마는 안타까운 일, 주위 사람들로부터 따돌림을 당해 스트레스로 자해를 하는 충격적인 사건들을 꼽을 수 있을 것이다.

그렇다면, 자신의 미래를 꿈꾸며 매일 행복하게 살아야 할 어린 학생들이 스스로 죽음의 길을 택하는 이유는 과연 무엇일까? 물론 여기에 대해서는 어느 한두 가지 원인을 들어 설명하기에는 충분하지 않다. 그러나 자기 자신을 사랑하고 소중하게 생각하는 사람은 쉽게 목숨을 끊지 않는다는 사실을 통해서 본다면, 그 주된 원인을 짐작해 볼 수 있을 것이다.

스스로를 사랑하고 존중하려면 가장 먼저 자신에 대해 제대로 잘 알고, 있는 그대로 받아들일 줄 알아야 한다. 그러기 위해서는 무엇보다 자신의 다양한 감정을 잘 알아차리고 그에 대해 적절히 대처할 수 있어야 한다. 좀 더 쉽게 설명하자면, 자신의 감정을 잘 '만나야' 한다. 그렇다면 자신의 '감정을 잘 만난다'는 것은 무엇을 뜻하는 것일까? 그것은 기쁘고 행복한 감정을 비롯하여 화, 슬픔, 두려움, 공포와 같은 감정조차도 있는 그대로 적절히 받아들이되 궁극적으로는 감정, 생각, 행동이 균형 있게 조화를 이루는 것을 뜻한다.

자신의 감정을 잘 받아들이고 상황에 따라 적절히 대처할 줄 알면 자아가 성장하고 자존감이 높아지며, 대인관계나 문제 해결 상황에 맞닥뜨렸을 때 유연하게 대처할 수 있다고 한다. '정서지능'의 개념으로 이름이 잘 알려진 대니얼 골먼 박사의 장기 연구 결과도 이를 뒷받침하고 있다. 정서지능이란 인간이 타인의 정서를 이해하거나, 자신의 정서를 통제하는 능력을 말한다. 행복하면서도 사회적으로 성공한 사람들은 지능이 높거나 학교 성적이 우수하거나 부유한 가정에서 자란 사람이 아니라 정서지능이 높은 사람이라는 것이다. 그러면 정서지능은 사람마다 타고나는 것일까? 아니, 그렇지 않다. 정서지능은 타고나는 것보다는 후천적인 노력을 통해 얼마든지 그 수치를 높일 수 있다고 한다.

그런데 요즘은 형제 없이 혼자 외톨이로 자라난 사람이 많고, 극심한 경쟁 사회에 내몰려 지속적으로 생존과 관련된 스트레스를 받으며 살다 보니, 사람들이 자기 자신의 감정을 잘 만나고 문제 상황과 맞닥뜨렸을 때 적절히 대처하는 연습을 할 기회가 많지 않다. 다시 말해 사람들은 살면서 자기 안의 다양한 감정과 맞닥뜨리지만, 그 감정에 어떻게 대처해야 할지 몰라 길을 잃고 헤매고 있는 것이다. 단언컨대 현대인들의 불행과 혼란은 바로 이 지점에서 출발한다.

일반적으로 사람들은 자신이 느끼는 감정을 통해 세상과 마주하고 그것을 배우게 된다. 물론 그리 흔한 경우는 아니지만, 엄마 뱃속에 있을 때부터 두려움과 같이 부정적인 감정을 느끼는 경우도 있다.

물론 태아 때 느끼는 감정은 주로 엄마의 감정 상태가 전달된 경우가 대부분이다. 이 경우, 태아가 독립적으로 스스로가 느끼는 감정과는 큰 차이가 있을 수 있다. 이후, 엄마 뱃속에서 세상 밖으로 나와 느끼는 감정은 그것이 좋은 것이든 나쁜 것이든 훨씬 직접적이고 강렬하게 다가온다. 그것은 때론 스스로를 위협하고 때론 스스로가 위로받기도 하는 낯선 감정들일 경우가 많다. 그런 감정을 하나둘씩 마주하며 감정들과 익숙해지고, 상황에 따라 어떻게 대처하는지를 배우면서 사람들은 차츰 성장하게 되는 것이다.

물론 어찌보면 너무도 당연한 이야기가 되겠지만, 사람들이 감정을 만나고 배우는 일차적인 학습의 무대는 바로 '가족'이다. 엄마의 뱃속에서 벗어난 아기는 부모의 사랑을 듬뿍 받으며 행복감을 느끼는가 하면, 신체적으로 배가 고플 때는 짜증을 느끼고, 기저귀가 축축해졌을 때는 심한 불쾌감을 느끼기도 한다. 이때, 아기가 느끼는 감정이 무엇이 되었든 누군가가 그것을 알아주고 적절하게 바로 대처를 하게 되면, 아기는 그것으로부터 위로를 받고 안정감을 찾을 수 있다.

그런데 요즘의 현대사회에서는 사람들에게 훌륭한 감정의 배움의 장으로서의 역할을 해야 할 가족이 제역할을 못하고 있다. 가장 먼저 살펴보자면, 가족의 구성부터가 단순해졌다. 가족의 구성이 대가족의 형태에서 핵가족이라는 소단위로 변화된 지는 이미 오래이다. 지금보다 과거의 시점에서, 가족의 구성원이 많았을 때는 그만큼 정서적으로 교감을 나눌 기회가 많았다.

가족의 구성원이 많으면 다양한 감정을 접할 기회만 많은 것이 아니라 그런 여러 가지 감정을 인정받고 상황에 따른 감정에 어떻게 대처해야 하는지를 배울 기회도 자연히 많아질 수밖에 없다. 이러한 과정은 따로 누가 가르쳐 주지 않아도 자연스럽게 터득하게 되기 마련이다. 다시 말해, 가족들 사이에서 일어나는 다양한 감정적 상황과 그 상황에 대해 다른 사람이 어떻게 대처하는지를 보며 배우게 되는 계기가 된다. 또 때로는 그들과 부딪치면서 스스로 터득하기도 한다.

하지만 사회가 급격히 변화하고 핵가족화가 진행되면서 이러한 상황들이 달라졌다. 핵가족화로 가족의 숫자가 급격히 줄면서 사람들이 자신의 감정을 자연스럽게 마주하고 배울 기회도 그만큼 적어졌다. 가장 중요한 사실은, 사람들이 겪는 다양한 감정들이 해소되지 못한 채 종종 그대로 방치된다는 점이다. 가족의 구성원이 많았을 때는 가족 중 누군가가 자신의 감정을 알아차리고, 문제 상황에서 어떻게 대처해야 하는지를 가르쳐 주었는데, 요즘의 핵가족화 사회에서는 부모 외에는 그 역할을 해줄 사람이 없는 것이 솔직한 현실이다.

안타깝게도 현대사회에서는 부모들이 안정적으로 그러한 역할을 대신해 주지 못하는 경우가 대부분이다. 지금의 사회에서는 맞벌이 부부가 급격히 늘어, 자식들의 감정을 이해하고 받아줄 여유는커녕 부부 스스로의 갈등도 해결하지 못해 아웅다웅하는 경우가 더 많다. 전 세계적으로 이혼율이 계속 급상승하고 있고, 한국에서도 두 쌍 중 한 쌍은 이혼을 할 정도로 위기에 처한 가정이 많다는 사실을 통해서도 이러한 상황을 짐작할 수 있다. 짐작하다시피, 이러한 환경에서 자란 사람들은 정서적으로 매우 불안정하며 자기 자신의 감정을 어떻게 다루어야 할지 몰라 당황하는 경우가 많다.

그렇다면 이쯤에서 예를 하나 들어 보자. 보통 어린아이는 자신의 감정을 오로지 행동으로 표현한다. 만약 자신의 아이가 울고 떼를 쓰고 짜증을 내며 소리를 지르는 행동을 보인다면, 이는 자신의 욕구(감정)를 알아 달라는 일종의 감정의 표현으로 받아들여야 한다. 아이는 그저 자신의 감정만으로 세상과 마주하지만 감정을 느끼기만 할 뿐, 자신이 지금 느끼고 있는 감정의 실체도 모를뿐더러 더욱이 그것을 적절한 방법으로 표현할 수도 없다.

누군가 자신의 감정을 이해해주고 그에 대해 적절히 대처하는 경우와 그렇지 않은 경우의 결과는 그 차이가 실로 막대하다. 누군가로부터 자신의 감정을 이해받은 사람은 금방 격한 감정을 추스르고 안정을 되찾는다. 뿐만 아니라, 그러한 감정이 오직 자신에게만 나타나는 것이 아니라 다른 사람들도 역시 그러한 감정을 느낀다는 사실에 마음을 놓게 된다. 더 나아가 차츰 더 적절한 방법으로 자신의 감정을 표현하는 법을 배울 수 있게 된다. 이러한 과정을 통해 사람들은 자신과 타인을 존중할 수 있게 되는 것이다.

그렇다면 그 반대의 경우는 어떠할까? 자신의 감정을 이해받지 못한 사람은 자기 안에 숨어 있던 감정을 마주하고 당황하며 두려움에 빠지게 된다. 자신의 감정을 이해받지 못한 사람이 느끼는 충격은 실로 크다고 할 수 있다. 심한 경우, 그러한 감정이 누구에게나 나타날 수 있는 것이 아니라 자기의 품성이 나쁘거나 또는 이상해서 잘못된 감정을 느꼈다고 생각하게 될 수도 있다.

자신의 감정을 타인으로부터 거부당하거나 무시당하는 일이 많을수록, 그 사람의 자존감은 떨어질 수밖에 없다. 결국 자신을 비롯한 타인을 신뢰하거나 존중하지 못하게 된 사람은 타인에게 함부로 행동하는 모습을 보이게 된다. 또는 지나치게 소심하거나 충동적인 언행을 일삼다가 상대로부터 더욱더 큰 지적을 받게 된다.

평소 자살 충동을 강하게 느끼거나 타인에게 폭력을 휘두르는 등 극단적인 행동을 일삼는 사람들을 분석해 보면, 그들은 자존감이 매우 낮고 심리적으로 아주 우울하며 타인으로부터 상처를 많이 받아 정서적으로 상당히 위축되어 있음을 알 수 있다. 만약 그 사람의 행동이 거칠다면 그의 내면에는 부정적인 생각들이 꽉 차 있는 경우가 대부분이다.

게다가 이런 사람들은 스트레스에도 아주 취약한 면을 보인다. 그들이 처음 자신의 감정을 표현했을 때 누군가가 이를 이해해주면 그들은 금방 마음의 안정을 찾을 뿐만 아니라 스트레스도 그리 받지 않는다. 그런데 만약 지속적으로 자신의 감정을 외면당하게 된다면, 그들은 더욱 거친 방법으로 감정을 표현하게 되고, 그만큼 스트레스도 더 커질 수밖에 없다. 더욱이 우려스러운 점은 이러한 사람들의 경우, 스트레스가 점점 커지는데도 여전히 스트레스를 해소할 수 있는 방법을 배우거나 경험할 기회가 많지 않다는 점이다. 결국 그들은 작은 스트레스에도 과민하게 반응하거나, 우울하고 불안한 심리상태를 보이게 되는 것이다.

흔히 사람들이 스트레스를 받는 경우, 그들의 반응에는 생물학적, 심리적, 환경적 요인이 작용하게 된다. 그중에서도 현대인들의 스트레스의 원인으로는 사회적인 환경이 매우 큰 비중을 차지한다. 하지만 그렇다고 스트레스를 받는 사람들이 모두 폭력을 휘두르거나 자살을 시도하는 등 극단적인 행동을 하는 것은 아니다.

어떤 문제 상황과 맞닥뜨렸을 때, 똑같이 스트레스를 받지만 건강하게 생활하는 사람도 의외로 많이 있다. 이런 사람들의 경우, 대부분 어릴 때부터 정서적인 돌봄을 착실히 받아왔기 때문에 정서적으로 여유가 있고, 자신감이 넘친다. 또한 이들은 자신들의 감정을 잘 처리해 스트레스가 쌓이지 않도록 조절할 수도 있다.

그런데 여기서 한 번 생각해 보자. 만약 누군가의 감정을 무조건 다 이해해 주기만 한다면, 그것이 과연 옳은 일일까? 만약 어떤 감정이든 다 받아주고 존중해 주면 그 사람이 감정 속에서 길을 잃고 헤매는 일이 없을까?

아니, 전혀 그렇지 않다. 단순히 누군가의 감정을 이해해 주는 것만으로는 부족하다. 그것만으로는 그들은 자신이 어떻게 행동해야 하는지 스스로 알아채지 못한다. 그들의 감정을 충분히 이해하지만 그들이 취할 수 있는 행동에는 분명한 사회적 제약이 따른다는 것을 깨닫게 해주어야 한다. 이것이 감정나눔의 핵심이다.

요컨대 타인의 감정에 대해 공감하고 이해를 하고 난 뒤에는 그들의 한계를 정하는 일은 그리 어렵지 않다. 감정나눔을 배운 사람들은 그들이 자신의 한계 안에서 스스로 훌륭한 해결책을 찾아내는 걸 보며 놀라고 대견할 때가 많다고 말한다.

가트맨 박사는 "어릴 때부터 누군가에게 감정나눔을 해주는 것은 그의 마음속에 스스로 원하는 바를 분명히 알고 찾을 수 있도록 GPS를 심어 주는 것과 같다"고 표현한다.

1-2.
부정적인 감정에 빠지다

살아가면서 뜻밖에도 우리는 너무도 쉽게 중독에 빠진다. 중독은 반복적인 경험을 통해 다양하고 복잡하게 생성된다. 일반적으로 사람은 습관을 통해 하나의 인격체로 형성된다고 할 수 있다. 대개 습관적인 행동과 절차는 삶에 안정감, 정확성, 편안함을 제공한다. 어떤 사람들은 자신이 만든 습관을 곧 자기 자신이라고 여기기도 한다. 다시 말하자면, 어떤 습관들이 파괴됨과 동시에 안락함도 사라질 수 있다는 말이 된다.

만약 누군가 자신의 정서적 안락함을 위해 어떤 습관에 의지하고 있다면 그 습관은 결국 중독으로 변질되기가 쉽다. 이러한 특정한 습관은 행동, 감정, 물질, 사람 등 무엇이든 될 수 있다. 안타깝게도 이러한 습관 없이는 우리는 어떠한 상황도 헤쳐나갈 수 없다고 느낀다. 이것이 바로 중독의 본질이다. 일단 한 번 중독에 빠진 사람은 자신의 내적 불안이 커질수록 반대로 좋은 기분을 회복하고자 하는 갈망도 함께 커진다. 결국 자신이 느끼는 불안의 실체를 파헤쳐 알려고 하기보다는 그 갈망을 급하게 채우는 데만 골몰하게 된다. 이러한 행태는 특정한 습관에 대한 의존성이라고 할 수 있다. 중독의 정의는 습관을 우리의 안락감을 충족시키기 위해 본래 목적과는 다르게 활용하는 상태를 말한다. 이와 같은 매커니즘이 형성되면, 우리는 그것이 무엇이든 간에 중독될 수밖에 없다. 꿈, 공상, 사람, 감정, 행동 등 그것이 심리적 안도감을 안겨주는 것이라면 무엇이든 상관없다.

일단 습관에 한번 중독되고 나면 그 순간부터 자신의 삶은 의지적 자유에서 멀어진다. 심지어는 그러한 습관 없이는 자신의 삶 속에서 할 수 있는 것이 아무것도 할 수 없다고 여기기까지 한다. 우리의 선택, 행동, 인간관계는 중독으로 변질된 습관에 지배당하게 된다. 중독으로 얻을 수 있는 일시적인 쾌락 뒤에는 엄청난 대가를 감당해야 하기 마련이다. 이런 거래는 보통 겉으로 드러나지 않는 과정을 통해 이루어진다.

사람들은 생각보다 다양한 방식으로 습관에 중독되며, 그만큼 중독은 많은 역효과를 불러일으킨다. 특히 이 책에서 강조하고 싶은 것은 '화'에 중독되는 것이다. 스스로가 화에 중독되는 것은 가장 흔하면서도 위험한 현상이지만, 겉으로 봐서는 좀처럼 알아차리기 어렵다. 알코올 의존자나 마약 중독자처럼 화에 중독된 사람은 처음에는 화를 통해 쾌락을 느끼게 되지만, 점차 화의 노예가 되어 간다. 그리고 곧 삶 전체가 의미를 잃고 피폐해져 허물어져 내리는 고통스러운 결과와 마주하게 된다.

그렇다면 이토록 치명적인 중독에서 벗어날 수 있는 방법은 없을까? 중독에서 벗어나는 가장 효과적인 방법은 그것을 똑바로 정확하게 마주하는 것이다. 그러한 중독이 자기 자신과 삶에 작용하는 방식, 거짓말과 헛된 약속, 그리고 자신이 치른 크나큰 희생을 먼저 분명하게 인식할 수 있어야 한다. 그런 다음에는 그동안 중독이 진행되어 온 과정 전체를 완전히 파악하여야 한다. 중독이 유지될 수 있는 요인으로 작용한 두려움을 차례로 제거해야 한다. 자기 안에 내재되어 있던 이 같은 두려움은 중독에 동력을 제공했던 숨은 욕구를 찾아내서 해결함으로써 완전히 제거할 수 있다. 이런 과정을 거칠 때에야만 우리는 다시 삶에 대한 의욕을 회복하고 힘을 내서 온전히 자신의 삶을 살아낼 수 있다.

중독의 수렁에 깊이 빠진 사람의 머릿속에는 오직 그 대상에 대한 생각, 즉 또 다른 자극의 추구만이 온통 가득 차 있다. 갈수록 자신만의 사고의 폭이 좁아지고 집중력은 약해지며 인생의 다양한 모습 따위는 머릿속에 들어오지 않는다. 그에게는 오직 중독 그 자체밖에는 없는 것이다. 이렇게 중독은 그릇된 방식으로 우리를 위로한다. 하지만 그러한 위로는 진정한 위로가 아니다. 그것은 자신에 대한 또 하나의 커다란 거짓에 불과하다. 오로지 그릇된 하나의 대상에만 집중함으로써, 우리는 원치 않았던 나쁜 경험과 고통스러운 감정에 점차로 무감각해진다. 중독은 아이러니하게도 고통과 불안에서 잠시나마 우리를 떼어 놓는 기능을 한다. 그리고 정면으로 맞닥뜨리고 처리해야만 하는 문제에서 우리를 분리시킨다. 그러나 이렇게 일시적으로 복잡한 상황에서 벗어나는 것처럼 보인다. 그 아래에서 문제는 더 심각하게 자라나고 곪아 오른다.

중독은 마치 스스로가 위대하고, 힘세고, 천하무적이 된 듯한 야릇한 쾌감과 활력을 공급한다. 또한 그동안 자신을 괴롭히던 불만과 절망감에서 일시적으로 스스로를 해방시킨다. 그러나 이렇게 일시적으로 아주 잠깐 좋은 기분을 느낄 수 있다 해도, 결국 자신이 어떤 문제를 일으키고 있는지 미처 깨닫지 못할 만큼 맹목적인 열망에 사로잡히게 된다. 중독의 강도가 점점 심해질수록 원하는 수준에 이르기 위해 중독 물질(또는 행동)의 투여량도 점점 많아질 수밖에 없다는 사실을 중독자는 스스로 깨닫지 못한다. 중독 물질의 투여량이 늘어날 때마다 중독이 지니고 있는 치명적인 부정적 영향력은 그의 삶을 어두운 그림자 속으로 밀어 넣고 만다. 중독은 조금씩 그의 모든 것을 좀먹어 앗아가고, 그는 결국 중독의 노예로 전락한다.

중독은 이렇게 '안전'이란 개념을 잘못 받아들이게 한다. 중독자는 중독을 통해 그릇된 안정감과 편안함을 얻는다. 그러나 실제로는 중독이 그의 진정한 안전을 빼앗아가 버리고 만다. 중독은, 그가 진실하고 가치 있고 안전한 삶을 살아가는 데 반드시 필요한 행동조차 하지 못하도록 그의 판단력을 흐리게 만든다.

마찬가지로 대부분의 사람들이 화를 낼 때 흔히 힘, 강함, 정의, 권력, 권위, 통제력이 자신에게 있다는 일시적인 착각에 빠지게 된다. 분노라는 감정은 여타의 중독 물질들과 마찬가지로 작용한다. 그것은 우리를 두려움과 억제력과 의심으로부터 멀리 떨어뜨려 놓는다. 대신에 평소에 만끽할 수 없었던 자유와 권리에 대한 일시적인 감각이 강하게 나타나게 된다.

화는 또한 자신의 판단이 절대적으로 옳다는 허상을 만들어냄으로써 논리적인 생각을 하지 못하도록 방해한다. 스스로가 화의 노예가 되는 순간에는 망설임 따위는 존재하지 않으며 주저할 필요도 느끼지 못한다. 간단히 예를 들어 보자. 평소에 어떠한 결정을 내리는 데 주저하며 쉽사리 결정하지 못하던 사람도 일단 화가 나면 쉽게 결정을 내리게 된다. 그런데 여기에 문제가 있다. 실제로 그러한 결정을 내린 주체가 자기 자신이 아니라 '분노'라는 감정이라는 것을 인식하지 못한다는 사실이다. 주로 화가 났을 때 내리는 결정은 대개 문제 상황의 제한된 측면에만 근거를 둔 편협한 경우일 때가 많다. 따라서 그렇게 내린 결정이 긍정적인 결과를 가져오는 경우는 거의 없는 것이다.

또한 화가 났을 때는 스스로가 매우 정당하다고 느끼게 된다.

마음이 평정심을 유지할 때는 생각할 수조차도 없는 행동도 화가 났을 때는 아무렇지 않게 저지를 수 있다. 화는 또한 아무렇게나 입 밖으로 꺼내지 않아야 할 부정적인 생각과 감정마저 아무 생각 없이 말로 쏟아내게 한다. 화가 났을 때 아무렇게나 내뱉었던 그 말들은 결코 다시 주워 담을 수 없다. 상황이 끝난 뒤 뒤늦게 사과를 하더라도 이미 엎질러진 물이다. 화가 났을 때는 떠오르는 대로 입 밖으로 말해 버려야 기분이 좋지만, 막상 그 순간이 지나면 현실이 보이고 후회만이 남는다. 그때는 대가를 치를 일만 남을 뿐이다.

경훈은 온화한 성격을 지니고 있었지만, 갈등과 문제가 생길 때마다 움츠러드는 남자였다. 목소리를 높이거나, 다른 사람을 해치거나, 잘못된 상황에 놓이는 것을 두려워했다. 경훈은 직장생활 자체를 어려워했고, 능력이 뛰어난데도 승진에 관심이 없어 하찮은 일을 맡고 있었다.

그러던 어느 날 사무실에서 갈등이 있었고, 내면에서 어떤 감정이 치밀어 오르는 것을 느낀 경훈은 직속상관이 눈앞에 있었는데도 이렇게 말해 버렸다.

"앞으로 더는 할 수 없어!"

그런데 그 후로 경훈은 분노를 숨겼을 때보다 더 많은 존중을 받게 되었다는 사실을 알고는 놀랐다. 사무실 사람들은 마치 새로운 사람 대하듯이 그를 바라보았다.

이렇게 경훈은 처음으로 화를 냈다. 경훈은 그것이 좋아졌다. 화를 내면 힘이 생기고 부족한 부분이 보충되는 듯했다. 기분도 더 좋아졌다.

곧 경훈은 화내기에 빠져들었다. 감정을 다스리거나 다른 사람과 관계를 건설적으로 일궈야 할 상황에서도, 그는 감정을 폭발시키는 방식에 의존했다.

경훈의 폭발은 동료들의 업무를 방해하고 사무실 분위기를 지배했으며, 오랫동안 갈구했던 관심을 경훈에게로 집중시켜 주었다.

이제 경훈은 집에서도 같은 방식으로 행동했다. 그 때문에 혼란이 생기긴 했지만, 어쨌든 경훈은 원하는 것을 얻었다.

1-3.

상처받지 않기 위해 마음을 닫는다

대개 많은 사람이 다른 사람과의 관계에서 갈등이 생길 때, 자기 자신에게 상황을 그르친 문제가 있다고는 거의 생각지 않는 경향이 있다. 실제로 우리는 그러한 이유로 상대방에게 쉽게 원한을 품곤 한다. 누군가 자신에게 잘못을 저질렀을 때, 또는 실제로는 그렇지 않는데도 자기 자신이 그렇게 느낄 때, 우리는 그 즉시 마음을 닫고 선을 긋는다. 우리는 마치 반대 의견을 조금도 받아들이지 않는 까다로운 재판관이나 배심원처럼 단호한 태도를 취한다.

다른 누군가에게서 피해를 당했다고 털어놓으면, 많은 사람들은 거침없이 공감을 표할 것이다. 이럴 경우, 우리는 그러한 상황을 악용하기도 한다. 상대방(잘못한 이)에게 비난의 화살을 돌릴 수 있는 여러 가지 이유가 떠오를 것이다. 우리는 상대방을 충분히 미워할, 심지어는 따돌리고, 신랄하게 비난할 이유를 충분히 갖고 있다. 어쨌든 먼저 원망의 원인을 제공한 것은 그 사람이기 때문이다. 나아가 우리의 삶에서 그의 존재 자체를 지워 버리는 편이 현명해 보이기까지 한다. 그래야만 그 사람으로부터 상처받는 일이 다시는 생기지 않을 것이기 때문이다. 그러나 이러한 원망의 행위는 이후에 더 큰 대가를 치르게 되기 마련이다. 타인에 대한 원한으로 자기 자신을 들끓이는 것은 곧 가장 두려운 일을 스스로에게 행하는 것임을 우리는 깨닫지 못한다. 결국 그것은 자기 자신의 가슴에 상처를 내는 일이 되고 만다.

모든 원한은 스스로의 마음에 강력한 쇠창살을 만드는 일이 된다. 원한은 우리를 더할 수 없이 비정하게 만들고, 살아가는 데 꼭 필요한 인간관계까지도 가로막는다. 아무리 새롭고 멋진 일이 벌어진다 해도 결코 마음껏 누리지 못한다. 마음속에 품은 원한은 언제 부서져 내릴지 모르는 얇은 얼음판과 같다. 마음속에 원한이 가득 차면 우리는 심술궂은 사람, 두려움과 불신감 탓에 자신에게 다가올 행운조차 붙잡지 못하는 사람이 되고 만다.

한편, 우리는 자기 삶에 대해 스스로가 던지는 '자기 충족적 예언'이 삶에 크나큰 영향력을 행사한다는 사실을 깨달아야 한다. 어떤 일에 심혈을 기울이고, 그것이 가져올 결과를 기대하고 예상한다는 것은 과연 어떤 것일까? 그것은 실제로 '그 대상을 자신의 삶 깊이 끌어당긴다'는 뜻이다. 자신이 누군가에게 어떻게 피해를 당하고 상처 입었는가 하는 부분에만 골몰하고 있다면, 반드시 비슷한 일이 자신의 삶에 또 다시 발생하게 될 것이다. 결과적으로 자신이 살아가는 세상은 불신과 그로 인한 상처로 가득 찬 곳으로 보일 것이다. 그다지 심각하게 생각하지 않았던 원한은 이토록 무섭고 치명적인 결과를 낳는다. 이렇듯 원한은 자신의 눈을 멀게 하고 오히려 더 나쁜 상황을 초래한다.

우리가 마음속에 원한을 품고 그것을 지속시키는 방법은 여러 가지다.

첫째는, 마음속에 원한을 품은 채로 파묻혀 사는 것이다. 스스로의 힘과 지위를 오히려 원한 자체에 쏟아붓고, 원한은 곧 우리의 삶에서 크나큰 자리를 차지하게 된다. 깊은 원한에 사로잡혀 살아가는 동안 다시는 그를 마주치지 않겠다고 결심했지만, 실제로 따지고 보면 우리 삶의 중심에는 엄연히 그 사람이 자리 잡는다. 우리가 계속해서 그 사람 자체에 집착하는 한, 그는 오히려 우리 삶 속에서 생생하게 살아 있게 될 것이다.

둘째는, 원한을 품는 것이 그다지 대수롭지 않다는 그릇된 생각을 하는 경우이다. 원한은 그 어떤 무기보다도 강력하고 위험하다. 그것은 우리 마음속 한가운데 자리 잡고는 끝없이 세력을 키워 나간다.

셋째는, 누군가에게 원한을 품는 행위가 정당하다는 생각을 가지는 것이다. 심지어는 우리에게는 피해를 당한 만큼 원한을 품을 권리가 있고 이 권리를 행사하지 않으면 바보라는 생각까지도 한다.

우리는 원한을 보호막 삼아 이 세상을 살아가겠다고 결심하기도 한다. 그러나 정작 중요한 질문은 "원한에 파묻힌 채로 행복하게 살아갈 수 있는가?"가 되어야 한다.

예컨대 우리들 중에는 자신도 모르게 내면 깊숙한 곳에는 원한을 품고 살아가는 경우도 많다. 대부분의 사람들은 자신의 감정을 제대로 인식하지 못한다. 따라서 그들은 어떠한 문제 상황이 벌어졌을 때 자신이 나타내는 반응을 스스로 깨닫지 못한다. 여기서 작은 예를 들어 보자. 대화 중에 한 명이 말을 잘못 알아들었다고 가정해 보자. 그런데 대화를 나누던 나머지 사람들이 그의 오해를 바로잡아 주지 않는다. 이것은 아주 사소해 보이고 단지 그들이 소극적으로 묵인했을 뿐이지만, 그들은 무의식적인 방식으로 마음속에 있던 원한을 드러낸 것이다. 사소하게 보이는 이런 일들은 순식간에 지나가 버리기 때문에, 정작 당사자들은 무슨 일이 벌어졌는지조차도 제대로 인지하지 못한다. 어쩌면 소외받은 이들은 단지 약간의 감정적인 불편함만을 느꼈을지도 모른다. 그러므로 자신이 감정적으로 약간 위축된 듯 느끼더라도 그런 생각은 곧 사라진다.

우리는 이처럼 너무도 쉽게 인간관계를 파괴하는 원한의 위험성을 제대로 인식하지 못하기 때문에, 상대방의 사소한 실수도 받아들이지 못하는 경우가 종종 생긴다. 이러한 태도가 나타나는 이유는 단 한 가지이다. 더 이상 상대방을 우군으로 여기지 않기 때문이다. 아니, 더 정확하게 표현하자면, 실수를 저지른 그 사람이 지루하거나 귀찮은 사람으로 느껴지고, 심지어 그가 인사를 해도 답하기가 싫어지는 것이다. 그런데 더 중요한 사실은, 우리가 이것 역시 원한의 일종이라는 사실은 깨닫지 못한다는 점이다.

이처럼 원한은 자신의 마음속 깊숙한 곳에 숨어서 다른 사람과 진실한 관계를 맺지 못하도록 매순간 방해할 것이다.

어느 날 은영은 수십 년간 가장 친하게 지낸 친구 지숙이 뒷자리에서 자기 얘기를 하는 것을 듣게 되었다. 그런데 지숙은 은영과 함께 있을 때와는 완전히 다른 태도로 말했다. 자매보다 가까운 사이라고 여겼던 친구가 두 얼굴을 지닌 채 자신을 속여왔다는 사실을 알게 되자, 은영은 지숙을 믿지 못하게 되었다.

은영은 비참했다. 그녀는 지숙과의 관계를 끊었을 뿐만 아니라 자기 판단력도 의심했다. 이런 의심은 커져만 갔고, 결국 은영은 아무도 믿지 못하게 되었다. 그녀는 모든 사람에게 적개심을 품었다.

시간이 지난 뒤 지숙은 은영에게 연락을 해보았지만 은영은 단호하게 거부했다. 은영은 이제 지숙이 자기 삶에 끼어들도록 놔두지 않겠다고 결심했다. 그녀는 지숙의 해명을 듣기는커녕 아무 얘기도 하고 싶지 않았다. 은영이 그런 태도로 있는 한 화해는 불가능했다. 은영이 마음속에서 지숙은 이미 죽은 사람이나 마찬가지였고, 그 자리에는 깊고 음침한 원한이 남았다.

1-4.
분노는 심지어 자살을 유발한다

　요즘 사회문제로 부각되고 있는 자살은 분노의 감정으로부터 비롯된다. 자살은 내면의 분노가 가장 고통스러운 형태로 표출된 것이다. 이러한 자살은 사회 전반적으로 광범위한 영향력을 미칠 수 있는 분노의 방식으로서, 당사자는 물론 그의 가족과 친구에게도 평생 지울 수 없는 상처를 남긴다. 그런데 오늘날에는 이런 자살들 중에서도 10대의 자살률이 크게 증가하고 있다. 이런 현상은 가족의 존재 근원을 뿌리째 흔들 뿐만 아니라, 살아 있는 사람들에게 후회와 자책감을 안겨준다. 가족이나 친구의 자살을 통해 느끼는 죄책감으로 인해, 남아 있는 사람들은 그 이후로도 오랫동안 인간관계에서 여러 가지 어려움을 겪거나 생활 속에서 즐거움의 감정을 느끼는 데 장애를 가지게 된다.

　자살은 자신의 생명을 유지하고 다른 사람들과 함께 살아가려는 인간의 자연스러운 본능과는 정반대되는 행동이다. 일반적으로 생각하기에 자살은 아주 극단적인 상황에 몰렸을 때만 드물게 발생하는 것이라고 여기기 쉽다. 현대사회에서 유독 이러한 최악의 선택이 왜 자주 일어나는지 많은 사람이 이해하지 못하는 이유는 그 때문이다.

자살의 원인을 알기 위해서는, 먼저 인간이라는 존재는 신체적인 고통, 감정적인 고통, 사회적인 고통, 영적인 고통 등 쉴 새 없이 여러 가지 고통에 시달린다는 사실부터 인식해야 한다. 인간에게 가해지는 고통이 더 이상 참을 수 없는 지경에 이르면, 대개의 사람들은 죽음이 모든 것을 멈추고 해결해 줄 거라는 그릇된 망상에 사로잡힌다. 또한 자신이 죽으면 주변 사람들이 자신의 죽음을 슬퍼하며 스스로 잘못을 절실하게 깨달을 것으로 착각한다. 분명히 주변 사람들은 자살에 대한 엄청난 죄책감에 시달릴 것이지만, 그것이 용납되는 것은 아니다. 앞에서 논의를 전개해 온 것처럼, 어떤 분노의 표현도 용납되지 않는 상황이거나, 도저히 실현될 수 없는 완벽주의에 빠져 있거나, 아무도 자기 이야기를 들어주지 않거나 진심을 알아주지 않을 때, 자살은 최후의 해결책이자 마지막 선택지로 여겨진다.

자살이라는 행동 아래에 도사리고 있는 격렬한 분노를 정확히 마주하지 못하면, 자살의 원인을 올바로 이해할 수 없다. 자살을 떠올리는 사람은 일종의 살인을 계획한 것이나 다름없다. 단지 다른 사람을 죽일 수 없기 때문에, 그리고 현실이 어떤 분노의 표현도 용납하지 않기 때문에 결국엔 분노가 자기 자신을 향했을 뿐이다. 결국 자신의 손으로 스스로를 죽인 셈이다. 자살을 기도하는 상당수의 사람들은 다른 사람에게 상처를 주고 복수를 달성하기 위해 자살을 행한다. 또한 자살은 결국, 자신에게 관심을 갖고 보살펴 달라는 또 하나의 간절한 외침이기도 하다. 대부분의 자살자들은 이 세상에서는 원하는 것을 얻을 수 없다는 절망감을 느낀 후 자살을 실행한다. 그들은 자신이 갈망하는 목표를 성취하거나 사람들에게 사랑받는 방법을 찾지 못했다. 즉 자살은 자신의 삶 전체를 걸고, 갈망해 온 사람들의 관심을 받기 위한 행동이다. 또 자살은 고통에서 벗어난 평화를 꿈꾸거나 또는 복수를 달성하기 위한 행동이다.

다시 말하자면, 자살은 타인을 향한 극단적인 통제 수단으로 이용된다. 대체적으로 자살을 기도하는 사람 중에는 자기중심적인 성향이 강한 사람들이 많다. 그들은 자살과 같은 일종의 '위협'을 통해서라도 다른 사람들을 자신의 뜻대로 휘두르고자 하는 것이다. 심지어 그들은 때때로 사람들이 자신이 원하는 방식과는 다른 방향으로 행동하려고 하면 '죽어버리겠다'라는 협박도 서슴지 않는다. 이러한 경우, 자살은 다른 사람을 자신의 뜻대로 조종하는 최후의 수단으로써 기능한다. 자살이 일종의 협박과 갈취의 수단으로 쓰인 것이다.

또 다른 면에서 자살은 자신의 삶 자체를 다시금 스스로가 조종하기 위한 방식으로 이용되기도 한다. 자신의 삶을 스스로 통제하고 있다는 확신이 무너졌을 때, 사람들은 '삶과 죽음'이라는 양자 간의 최종적인 선택을 통해 자신의 삶에 대한 통제력을 회복하고자 한다. 이때, 그들에게 있어 자살이란, 자신이 타인의 의사에 따라 조종되는 의미 없는 존재가 아니라 결정적으로 자신의 삶에 대해 통제력을 가진 존재임을 알리고자 하는 소리 없는 외침이다.

자살 기도자의 많은 수는 깊은 외로움, 소외감, 허무감에 의해 희생된 사람들이다. 그들은 자신이 가치 있는 집단 또는 우주의 일부분이라는 소속감을 전혀 갖고 있지 않다. 그들은 어쩌면 스스로의 삶을 주도하며 변화를 일으키는 방법을 알지 못하는 것인지도 모른다. 그들에게 삶이란, 그저 무의미하고 공허하게만 느껴질 뿐이다.

미국의 저명한 실존주의 상담사로서 영향력 있는 심리학자인 롤로 메이는 지독한 외로움을 '침묵'이라고 명명했다. 그가 말하는 침묵이란 내적인 입막음, 폐쇄와 고립, 외부로 드러나는 일을 극도로 꺼리는 태도 등을 의미한다. 그러나 누군가 적극적으로 나서서 열린 마음으로 그들의 이야기를 진심으로 들어주고 도움과 관심을 주려고 노력한다면, 자살 충동은 금세 사그라질 수도 있다.

안타깝게도 일부의 사람들은 자살이라는 최후의 선택이 아니고서는 도저히 사람들에게 관심을 받을 수 없다고 생각한다. 그들은 자살이 가져올 냉정한 결과를 전혀 예측하지 못하고 단지 자신만의 환상에만 사로잡힌다. 그들은 자신에게 미안해하고, 슬퍼하며, 자신이 소중한 존재였음을 사무치게 깨닫는 주위 사람들의 모습을 떠올렸을 것이다. 또 자신의 장례식에 온 사람들이 돌보지 못한 죄책감에 괴로워하는 모습을 상상했을 것이다.

이러한 모든 환상은 자신이 그토록 원했지만 받지 못했던 관심과 사랑, 이해를 받고자 하는 욕구에서 비롯된다고 할 수 있다. 이런 환상은 스스로가 자살의 현실적인 결과와 그 미칠 파장을 인식하지 못하도록 방해한다.

대부분의 사람들이 주변 사람의 자살을 미리 알려주는 경고 신호를 종종 제대로 눈치채지 못한다. 만약 사전에 주변 사람들의 도움을 간청하는 신호를 미리 발견하면 큰 사고를 사전에 막을 수도 있을 것이다. 만약 주변 사람의 자살 예고 신호를 봤을 때는, 절대로 소극적으로 대처하거나 그냥 봐 넘기면 안 된다. 단 한 사람이라도 적절한 시기에 적절한 방식으로 자살 예고에 개입한다면 그 결과는 엄청나게 달라질 것이다.

그렇다면 다음의 자살 예고 신호를 참조해 보자.

① 고립

누군가가 오래도록 주변에서 모습을 감추고, 혼자만의 시간을 보내려 하고, 다른 사람과 대화조차 하지 않으려고 한다면 주의 깊게 지켜보아야 한다. 어쩌면 그는 깊은 절망감을 느꼈거나 타인과의 대화조차 없이 혼자 고립된 결과인 경우가 많다. 일상생활의 정상적인 패턴을 피하거나 점점 공상 속으로 빠져드는 것도 앞의 경우와 유사한 경고 신호다.

② 자살에 대한 관심

어떤 사람이 최근 들어 자살에 대한 이슈를 자주 이야기하고, 온통 그 생각에 몰입되어 있다면 우리는 이것을 심각하게 받아들여야 한다. 우리가 그의 이야기를 그저 농담으로 여기는 그 순간에도, 그의 속마음은 이미 자살에 대한 생각으로 온통 가득 차 있는지도 모른다. 이런 사람에게는 우리의 관심과 노력, 그리고 보살핌이 필요하다.

③ 수면 장애와 식사 장애

잠을 제대로 자지 못하거나 밥을 못 먹는 것처럼 생존을 위한 기본 활동에 어떠한 불편을 겪고 있는 사람들은, 대부분이 우울과 불안뿐만 아니라 자살 충동까지 경험하곤 한다. 틀림없이 이런 사람은 마음속에 근심과 혼란이 있으며, 따라서 주위에서의 조심스러운 관리가 요구된다.

④ 주변 사람들의 죽음 또는 큰 실패

주변 사람의 죽음을 경험했다거나, 큰 실패와 실망을 겪을 때 지나치게 극단적으로 반응하는 사람들이 있다. 그들은 하나의 사건을 크게 확대 해석하여, 심지어 그 의미를 자신이 더 살아갈 이유가 없다는 식으로 해석한다. 자신과 가까운 사람이 죽은 경우, 특히 부부가 사별한 경우에는 '나도 그 사람을 따라가고 싶다'는 생각을 하기도 한다.

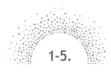

1-5.

과도한 경쟁으로 얻은 성공에는 대가가 따른다

　자신의 내면에 쌓이고 쌓인 화는 종종 직장에서도 분출되는 경우가 있다. 화는 바깥으로 드러나지 않게 미묘하게 나타날 때도 있고 직접적으로 겉으로 드러날 때도 있다. 극단적인 경우에는, 스스로의 화를 참지 못한 직원이 자신을 부당하게 대한 상사나 동료에게 물리적인 폭력까지 휘두르는 끔찍한 일이 벌어지기도 한다.

　다행히 대부분의 분노는 겉으로 드러나지 않는 훨씬 미묘한 방식으로 표현된다. 좀 더 구체적으로 말하자면, 경쟁, 따돌림, 명령, 실력 행사 등 업무 영역에서 자연스럽게 벌어질 수 있는 일로 (어쩔 수 없이) 받아들여질 수 있는 다양한 행동이 여기에 포함된다. 그러나 여기서 분명한 것은, 고용주가 자신의 직원을 함부로 대하는 행동은 엄연한(때로는 불법적인) 학대이자 분노의 표현으로서 가해자와 피해자 모두에게 반드시 부정적인 영향을 미친다.

　다른 사람이 자신의 내면에 억눌린 화풀이를 할 때, 그것을 끝까지 아무 일도 없는 듯 버텨내는 것은 매우 힘든 일이다. 그것은 스스로가 품고 있던 열정, 창조력, 최선을 다하고자 하는 마음을 사라지게 한다. 하지만 그러한 화풀이의 대상이 되고 만 피해자는 자신이 받은 그대로 다시 상대방에게 복수할 방법을 찾아내려 할 것이다. 결국 직원을 자기 마음대로 통제하고, 심지어는 학대할 권리까지 있다고 생각했던 가해자들도 결국엔 똑같이 뼈아픈 경험을 하게된다. 그들은 자기 스스로의 화를 끌어안고 살아야만 한다. 자기 안에 잔뜩 들어찬 화는 그들의 몸과 마음과 삶 전체에 영향을 미친다. 앞에서 논의한 것처럼 일단 외부로 분출된 분노는 어떤 식으로든 자기 자신에게 되돌아온다.

대부분의 회사는 단계적인 위계 조직을 갖추고 있고, 상사와 선임자는 직원을 관리할 권리와 책임을 갖고 있다. 그들은 관리자의 역할을 맡아 일정 수준 이상의 생산성과 성과를 유지하기 위해 직원의 업무를 감독한다. 그런데 이렇게 회사의 직계 상사가 부하 직원에 대해 가지는 권리는, 그의 지휘 아래에서 인정받고자 노력하는 직원을 괴롭히고, 꾸짖고, 꼬투리 잡는 행동을 (법적으로) 합리화하는 수단으로 악용되기도 한다. 이러한 권리에 따라 결국에는 직원의 생계마저 상사에 의해 좌우될 수도 있다.

보통 이런 상황에서 상사는 통제, 억압, 조종 등 여러 방식으로 자신의 분노를 터뜨리면서 도를 넘어서기 쉽다. 일반적으로 사람들은 다른 곳에서는 함부로 하지 못하는 행동도 상대방과의 일방적인 관계 속에서는 아무 거리낌 없이 행동하기 때문이다. 그러므로 우리는 동등하지 못한 관계(갑과 을의 관계) 속에 깔린 잠재적인 위험성을 깨닫고, 그것에 대처하는 방법을 배워야 한다.

앞에서 살펴보았듯 사회적으로(암묵적으로) 용인된 분노 표현 외에도, 또 다른 중대한 문제가 하나 더 있다. 대개 직장을 가지고 있는 사람이라면 가족이나 친구들과 함께 있는 시간보다 실질적으로 더 많은 시간을 직장에서 보내기 마련이다. 이런 환경에서는 필연적으로 심리적인 전이(轉移)가 발생한다. 여기에서의 전이란 실제로는 전혀 관련이 없는 사람에게 자신이 가진 특정한 감정을 투사하는 현상이다.

여기서 잠깐 예를 들어 보자. 어떤 한 집단이 오랫동안 유지되면 그 안에는 가족관계와도 비슷한 역학 구조가 형성된다. 그리고 그 집단에 속한 사람들은 자신의 가족 속에서 얻은 감정과 행동을 무의식적으로 (직장이라는) 집단 속에서 드러낸다. 다시 말해, 직장 안의 누군가가 과거에 깊은 관련을 맺었던 사람(대부분이 가족)의 대역과도 같은 역할을 하게 된다는 것이다. 우리는 그 사람으로 인해 아버지, 어머니, 형제 중 하나를 (의식적이든 무의식적이든) 떠올린다. 예전에는 자신의 가족을 향해 발산되던 심리적 기제가 자신이 속한 직장 내에서 누군가에게 똑같이 작동하는 것이다. 그리고 이런 과정은 대개 당사자가 자각하지 못한 채로 집단 내에서 형성되게 된다.

이 같은 현상은, 함께 일하는 사람을 이유 없이 부당하게 대하는 사람의 모습에서 확인할 수 있다. 특정인에 대한 냉정한 태도, 좌절, 분노, 권위에 대한 거부, 또는 지나친 복종 등의 모습이 대표적인 징후다. 이와 같은 사람들이 자신의 가족 내에서 과거에 자각하거나 표현하지 못했던 분노를, 이번에는 직장에서 다양한 방식으로 표출하는 것이다. 이것은 그들이 직장에서 보내는 오랜 시간을 고려해 볼 때 충분히 있을 수 있는 일이다.

자신이 속한 집단에서 현재의 상황을 통해 빚어진 분노와 과거를 통해 투사된 분노를 분간하는 것은 매우 가치 있고 필요한 기술이다. 특히나 과거의 경험을 통해 투사된 화는 현재의 상황을 어떻게 변화시켜도 해결되거나 사라지지 않는다.

이렇듯 잘못된 화 또는 투사된 화는 직장 내에서 발생하는 심각한 불안, 스트레스, 시빗거리의 주된 원인이 된다.

한편, 직장 내에서 화를 일으키는 또 다른 원인은 바로 극심한 경쟁이다. 사회적인 성공을 몹시도 꿈꾸는 사람 중 일부는 다른 사람들을 제거해야만 하는 위협적인 존재로 상정한다. 그들은 자신의 앞길에 방해가 되는 사람은 누구라도 쓰러뜨리겠다는 태도로 주위 사람들을 대한다. 이렇게 도를 넘어선 경쟁의식은 직장 내 인간관계를 맺고 있는 모두에게 큰 분노를 일으킨다.

아이러니하게도 이러한 경쟁은 종종 직장 내에서 장려되기도 한다. 많은 기업에서는 경쟁이 생산성과 성과를 높이는 효과적인 수단이라고 생각한다. 그들은 직원들의 삶의 질에는 아무 관심이 없으며, 최저 기준만 만족시켜 주면 그만이라고 여긴다. 반면 몇몇 (비영리) 단체들은 최선의 결과란 극심한 경쟁이 아닌 협동과 윈-윈 전략을 통해 얻어진다는 사실을 알고 있다.

요컨대 자신이 일하고 있는 회사의 문화를 세심하게 관찰해 보자. 만약 자신이 속한 집단이 분노와 극심한 경쟁을 동력 삼아 움직이고 있다면, 그곳에서 일하는 사람들도 언젠가는 큰 대가를 치를 것이기 때문이다.

지금까지 화를 냈던 상황을 적어 보라. 충분한 시간을 들여 지난 기억을 되짚어 보라. 이것은 자기 경험을 기록해 보는 간단한 연습이지만, 분노의 악영향에서 벗어나는 여행의 첫 발걸음이기도 하다. 어쩌면 당신은 앞으로도 화를 유발한 원인을 기록해 두고 싶어질 수도 있다. 대부분의 사람은 무엇이 진정으로 자신을 흔들어 놓았는지에 대해 어렴풋한 느낌만을 갖고 있다. 그렇다고 자신을 검열하지는 말라. 자아비판을 하거나 냉철해야 할 필요는 조금도 없다. 지금은 단지 자신을 바라보고 관찰하는 데만 시간을 사용하라.

2장.

가장 먼저
감정을 공부하라

2-1.
타인의 감정에 공감하라

흔히 사람들은 대화를 할 때 논리적으로 잘 설명하면 타인이 충분히 알아들을 수 있다고 생각한다. 하지만 실상은 그렇지 않다. 본인은 자신의 입장에서 충분히 알아들을 수 있다고 생각해서 하는 이야기였다 하더라도, 정작 타인이 받아들이지 못하는 경우가 많다. 그런데 이러한 경우라 하더라도 대화를 할 때, 타인의 감정부터 파악하여 반응한다면 상황은 전혀 다르게 전개될 수 있다.

상대방과의 대화에서 자신의 입장을 무작정 풀어놓기보다는 먼저 타인의 감정부터 파악하자. 그러면 대화 중에 상대방은 속상한 마음을 하나씩 풀어놓기 시작한다. 이때 중요한 것은 상대방의 감정을 그대로 수용하고 공감해 주는 것이다. 상대방은 대화를 통해, 자신의 기분을 다른 사람이 이해해 준다는 데서 오는 유대감과 안도감으로 점차로 마음이 편안해질 것이다.

바로 이 순간이 정작 자신이 말하고 싶었던 내용, 상대방의 '행동'에 대해 말할 때이다. 상대방은 이미 자신의 감정에 대한 공감과 수용을 받고 안정을 찾은 상태이기 때문에 상황을 좀 더 통찰할 수 있다. 이때 대화자는 자신이 해결책을 적극적으로 제시하며 나서기보다, 상대방이 몇 가지 질문을 통해 해결책까지도 스스로 마련하게 하는 것이 좋다. 이렇게 된다면 자신이 대화를 시작한 목적도 해결되며, 그로부터 상황에 적절한 감정과 행동을 이끌어낼 수 있다. 물론 자신과 상대방은 공감을 느끼게 되고 더 가까워지며, 신뢰감도 한층 돈독해질 것이다.

이렇게 상대방의 감정을 먼저 받아주고 나서 행동으로 가는 원리는, 사람의 뇌 구조를 이해하면 좀 더 쉽게 이해할 수 있다.

1960년대, 당시 뇌과학자였던 폴 맥린 박사는 인간의 뇌가 3중 구조로 이루어져 있다는 사실을 밝혀냈다.

가장 아래층(지하)은 '뇌간'으로 호흡, 혈압 조절, 체온 조절, 심장 박동 등 생명을 유지하는 데 필요한 기본적인 기능을 담당한다. 뇌간은 생명 유지 활동을 관장하는 '원초적인 뇌'인 만큼 태어날 때 이미 완성되어 있다. 이 때문에 갓난아이도 세상에 태어나자마자 숨을 쉬고 젖을 빨 수 있는 것이다. 뇌간의 구조와 기능은 파충류와의 그것 같이 원초적이다. 그래서 제일 아래 지하층에 있는 뇌간을 '파충류의 뇌'라고도 부른다.

뇌간과 대뇌반구 가운데에는 '변연계'라는 중간층이 있다. 변연계에서는 주로 감정을 다스리고 기억을 주관하며, 호르몬을 담당하는 역할을 한다. 기쁨, 즐거움, 화, 슬픔 등의 감정은 물론 식욕과 성욕도 여기서 주로 처리된다.

대부분의 포유류는 변연계를 갖고 있다. 그래서 강아지도 주인이 오면 반가워하고, 낯선 사람이 오면 경계하거나 흥분해 울부짖고 으르렁거린다. 두려움을 느낄 때는 꼬리를 감추고 움츠리기도 하고 심지어 질투를 하기도 한다. 포유류가 이렇게 다양한 감정을 나타낼 수 있는 것은 다름 아닌 변연계가 발달했기 때문이다. 파충류는 이같은 변연계가 발달하지 않아 감정을 느끼지 못하고 표현하지도 못한다. 감정 표현은 포유류에서만 나타나는 행동이기에 변연계를 '감정의 뇌' 또는 '포유류의 뇌'라고 부른다.

변연계 맨 윗부분은 '대뇌피질'이다. 그중에서도 이마 뒤 약 3분의 1을 정도를 차지하는 '전두엽'은 사고를 하고 판단하며, 우선순위를 정하고, 감정과 충동을 조절한다. 이 같은 대뇌피질은, 고도의 정신 기능과 창조 기능을 담당하고 있고 인간만이 가진 뇌이기에 '인간의 뇌' 또는 '이성의 뇌' '뇌의 총사령부'라고도 부른다.

대부분의 사람들은 감정이 이성적 판단을 방해한다고 믿는다. 분명 생각하고 판단하고 선택하는 것은 생각의 뇌, 전두엽의 몫이다. 하지만 감정의 뇌(포유류의 뇌)인 변연계가 충분히 제 역할을 하지 못하면 생각의 뇌 또한 정상적으로 자기 기량을 발휘하지 못한다.

뇌과학 학술서에 흔히 등장하는 엘리엇의 사례를 보면 감정이 배제된 이성이 얼마나 무력한지 알 수 있다. 아래는 가트맨 박사가 자신의 책에 감정이 배제된 이성에 대해 상세히 서술한 내용의 일부이다.

엘리엇은 뇌에 종양이 생겨 뇌의 일부를 제거하는 수술을 받았다. 그 수술로 복내측 전전두피질이 손상되었는데, 이 부분은 감정과 사고를 종합해 감정을 통제하고 판단과 결정을 내리는 영역이다.

다행히 엘리엇의 사고 능력은 아무 문제가 없었다. IQ도 수술 전과 똑같았고, 운동이나 언어 능력, 기억력도 전혀 떨어지지 않았다. 인격도 동일했다. 단지 수술 후 엘리엇이 그 어떤 감정도 느끼지 못한다는 점만이 다를 뿐이었다.

엘리엇의 주치의인 안토니오 다마시오는 엘리엇이 정상적인 사회생활을 하는 데 문제가 없을 것이라 예상했다. 비록 감정을 느끼지는 못하지만 생각의 뇌는 지극히 정상적이었기 때문이다. 하지만 엘리엇의 삶은 비극으로 끝났다. 엘리엇은 대기업에서 높은 연봉을 받는 경영인이었는데, 수술 후 회사에 적응하지 못하고 퇴사했다. 그는 어떤 결정도 하지 못했다.

고도의 어려운 판단을 필요로 하는 사항뿐만 아니라 파일을 정리하는 단순한 일부터, 식사할 장소를 정하거나 약속을 정하는 등의 간단한 일도 처리하지 못했다. 끝도 없이 세세한 부분까지 심사숙고 하면서도 종내 결정을 내리지 못하는 일들이 비일비재했다. 결국 그는 회사에서 물러날 수밖에 없었고, 사랑하는 아내와도 이혼하는 아픔을 겪었다.

엘리엇의 아픔을 통해 감정은 재평가되었다. 감정은 단순히 이성을 교란하는 요인이 아니라, 오히려 적절한 판단과 결정을 내릴 수 있도록 돕는 내비게이션과도 같은 역할을 한다.

감정은 흔히 우리가 생각하는 것보다 훨씬 지혜롭다. 판단하기 어려운 어떤 사안을 놓고 결정하지 못해 우왕좌왕할 때 흔히 "마음을 따르면 돼. 그게 정답이야."라고 말한다. 여기서 '마음'이란 마인드mind가 아니라 심장heart을 뜻한다.

최근 신경생리정서심리 연구에 따르면, 사람의 심장에도 두뇌의 신경세포와 같은 뉴런이 있다고 한다. 보통, 심장은 매우 미세한 감정에도 즉각 반응하고 긍정적 감정, 특히 감사와 연민, 동정, 사랑을 느낄 때 매우 규칙적인 심박변동률을 보인다. 신경생리학적으로 말하자면 교감과 부교감신경, 각성과 이완이 조화와 균형을 이룬 상태로, 집중력이 높고 생각이 또렷하며 몸이 가뿐하고 힘이 거의 들지 않는 것처럼 느껴지는 최상의 상태를 일컫는다. 한마디로 생각과 감정, 행동이 일치한 상태를 의미한다. 이러한 상태가 '최적의 몰입 상태'이다.

감정을 주관하는 변연계의 일부분이 손상된 엘리엇은 생각, 논리, 사실 나열은 할 수 있었지만 우선순위와 선택을 하지 못했다. 그러니 힘만 잔뜩 들이고 성과를 내지 못한 것이다.

자신의 마음이 향하는 곳은 감정에 영향을 받는다. 비록 감정이 그 쪽 방향으로 쏠리는 이유를 논리적으로 설명할 수 없을지라도 심장은 이러한 감정에 즉각 반응하며, 아주 짧은 순간에 직관을 활용하여 어느 방향으로 가야 하는지를 결정한다. 그래서 더더욱 감정이 중요하며, 감정이 엉뚱한 선택을 하지 않도록 자신이 경험하는 감정에 적절히 대응하는 방법을 터득해야 한다.

어릴 때 어린아이의 감정에 공감해 주는 것이 얼마나 중요한지 깨닫지 못하는 부모가 많다. 연구 결과에 따르면, 신생아도 자신의 감정을 파악하고 공감해 주면 자기 조율을 더 잘한다고 한다. 예를 들어 깜짝 놀라거나 심하게 울다가도 자기 감정을 쉽게 조절할 수 있다는 것이다. 감정나눔을 받은 영유아는 긴장 이완에 영향을 미치는 미주신경의 탄력성이 높고, 이런 아이가 자기 조절을 쉽게 하므로, 스트레스 상황에 스스로 잘 대처할 수 있다.

어렸을 때 시의적절하게 대처하지 못한 감정들은 살아가는 데 두고두고 걸림돌이 될 위험이 크다. 부모의 폭력과 학대, 방임 등 어렸을 때 큰 감정적 충격을 받은 사람이 나이가 들어서도 여전히 그 문제에서 비롯한 장애에서 벗어나지 못하고 힘들어하는 사례는 너무도 많다.

감정나눔은 일찍 시작할수록 좋다. 하지만 어릴 때부터 아이의 감정을 잘 파악하지 못해 아이가 제멋대로 고집을 피우고, 삐딱한 모습을 보인다고 너무 크게 걱정할 필요는 없다. 지금부터라도 감정을 파악해 주면 아이의 상태는 금세 좋아질 수 있다.

2-2.

자기감정에 솔직한 사람이 타인의 감정도 잘 안다

한 가지 예를 들어 보자. 실연의 아픔을 겪어 보지 않은 사람이 실연당한 사람의 마음을 파악하고 공감해 줄 수 있을까? 정답은 '아니다'이다. 머릿속으로는 대충 그 같은 느낌을 짐작할 수 있을지 몰라도 마음으로 진정 공감하기는 어렵다. 진정 마음으로 공감하지 못하는 상태에서는 아무리 상대방의 마음을 이해한다고 열변을 토해 봐도 상대방은 그것을 믿지 못한다. 또는 자신은 진심을 다해 위로를 건네는데도 직접 경험해 보지 않았으니 쉽게 치부한다고 오해할 수도 있다.

감정나눔도 이와 같다. 타인의 감정을 파악하고 공감해 주려면 먼저 자신의 내면속 감정부터 제대로 인식해야 한다. 감정을 인식하는 것과 감정을 표현하는 것은 완연하게 다르다. 반드시 자기 안의 감정을 겉으로 드러낼 필요는 없다. 다만 자기 안에 내재되어 있는 감정이 어떤 것인지 알아차리기만 해도 된다.

감정 깊숙한 곳의 그 근원을 살펴보면 또 다른 감정이 존재하고 있는 경우가 있다. 이처럼 감정이 그 감정만으로 끝나는 것이 아니라 뒤에 또 다른 감정이 있는 경우 이를 '초감정'이라고 한다. 영어로는 '메타 감정meta emotion'이라고 하는데 'meta'는 '뒤에' '넘어서'라는 뜻이므로 결국 초감정은 감정 뒤에 있는 감정, 감정을 넘어선 감정, 감정에 대한 생각, 태도, 관점, 가치관 등을 일컫는다.

초감정은 주로 감정이 형성되는 유아기의 경험과 환경, 문화 등의 영향을 받아 형성되는 경우가 많다. 어릴 적부터 오랜 시간에 걸쳐 자신도 모르는 사이에 형성될 뿐 아니라, 비슷한 상황에서 무의식적인 반응으로 나타나기 때문에 초감정의 존재를 본인 스스로도 알아차리지 못하는 경우가 많다.

자신의 초감정을 제대로 인식하는 일은 아주 중요하다. 자기 자신에게 어떤 초감정이 있는지를 모른다면, 타인의 감정을 제대로 파악할 수 없기 때문이다. 가장 먼저 자신의 감정을 알아차리는 것은 감정나눔의 기본 전제조건이다. 초감정을 좋고 나쁜 것으로 구분하고, 감정나눔에 좋지 않은 영향을 미치는 초감정을 부정하거나 제거하려고 노력할 필요는 없다. 자기 자신에게 그러한 초감정이 있다는 사실만 인식해도 감정나눔의 첫걸음을 떼는 큰 발전이다.

예컨대 감정을 조절할 수 있다는 것과 감정이 없다는 것은 전혀 다른 차원의 이야기다. 슬퍼도 슬퍼하지 못하고, 화가 나도 화를 내지 못하고, 기뻐도 기쁨을 느끼지 못하는 것만큼 안타깝고 불행한 일도 없을 것이다. 감정이 없는, 혹은 감정을 전혀 느낄 수 없는 사람은 살아 있다고 말할 수도 없는 생동감 없는 삶을 살고 있다.

우리는 어른이 되고 나이가 들어도 메마르지 않는 풍부한 감정을 느낄 수 있다. 온몸의 감각을 통해 느낀 감정을 아무렇게나 함부로 내팽개치지 말고 이성적으로 표현하면 된다. 그런 사람들은 어른이 되어도 아이의 감성을 가질 수가 있다. 아이의 감성으로 여러 다양한 감정을 풍부하게 느끼고, 어른의 이성으로 감정에 적절히 대처하고 조절할 때 가장 건강한 자아로 성장할 수 있다.

인간발달학적으로 볼 때, 심리적으로 '건강하다'고 말할 수 있는 사람은 어른이 되어서도 자기 안에 건강한 '아이'를 지니고 있다. 대개 아이는 자기중심적이며, 감정으로 사물을 느끼고, 충동적이고 즉흥적이며 생동감이 넘친다. 또한 아이는 원하는 것을 당장 눈앞에서 하고자 하고, 웃고 울며 화내는 등 매 순간 감정 표현을 한다. 이렇듯 어른이 되어서도 아이와 같은 모습을 지니면 순수한 생명의 힘이 느껴진다.

그런데 아이의 모습만 지니고 있어서는 안 된다. 동시에 '어른'의 모습도 지녀야 하는 것이다. '어른'스럽다는 것은 참을 줄도 알고, 하기 싫은 일도 하고, 양보도 하고, 법도 지키고, 남을 배려하고, 예의를 지킬 수 있다는 것이다. 그리고 여기에 '아이'와 '어른'의 상반되는 성질을 조화롭고 균형 있게 조율할 수 있는 '건강한 자아'가 있어야 한다.

감정나눔은 가장 먼저 '아이'의 모습을 있는 그대로 받아들이게 하여 타인과 유대감과 신뢰감을 형성한 뒤, 조금씩 '어른'의 모습으로 성장해 갈 수 있도록 꾸준히 인내하면서 함께 동참하도록 하는 멘토링 과정이라고 볼 수 있다.

감정나눔을 하는 어른(멘토링 대상자) 안에 아이의 모습이 없다면 다른 사람의 감정을 파악하기 어렵다. 한 사람의 개인에게도 건강한 '아이'와 '어른' 사이의 균형이 필요하지만, 여러 가지 관계에서도 마찬가지다. 대체적으로 '아이'의 마음은 알고 있다. 그런데도 '아이'의 감정을 파악하지 못하고 통제만 한다면 '어른'과 '아이' 모두 행복할 수가 없다.

'아이'의 마음이 되어야 타인의 감정을 잘 이해할 수 있다. 가트맨 박사는 누구에게나 '아이'의 모습이 존재한다고 말한다. 잃어버린 순수했던 아이의 마음을 찾는다면 타인의 감정을 더 깊게 공감할 수 있을 것이다.

단언컨대 자신의 감정을 통제하지 못하면 타인에게 큰 상처를 준다. 감정조절을 하지 못하는 사람들은 대부분 분노, 슬픔, 두려움, 미움과 같은 감정을 자주, 그것도 아주 격렬하게 느끼며 한번 터뜨리고 나면 다시 진정하는 데 어려움을 느낀다. 그렇다 보니 정상적인 사회활동을 하기도 어렵다.

이처럼 스스로 감정을 통제하지 못하는 사람일수록 그런 자신의 모습이 싫어서 평소에 감정을 극도로 억제하는 모습을 보인다. 평소에는 지극히 감정을 숨기고 관심 없는 척, 아무런 감정의 동요도 없는 척 꾸민다. 물론 그런 사람도 타인에게 공감하는 척 연기를 하는 경우도 있지만, 격렬하게 감정을 드러내는 것보다는 차라리 숨기는 게 낫다고 생각한다.

일반적으로 다른 사람과 인간관계를 맺을 때 감정을 드러내지 않는 사람과는 관계가 친밀해지기 어렵다. 조직에서 업무상으로는 동료가 될 수 있을지 몰라도, 서로 마음을 터놓고 정서적 교감을 나누는 개인적으로 친밀한 사이가 되기는 쉽지 않다.

이뿐만이 아니다. 감정을 숨기는 게 나쁜 이유는 또 있다. 감정이 생길 때 적절히 표출하지 않고 억지로 눌러서 감정을 억제하면 언젠가는 밖으로 터져나오고 만다. 물론 안간힘을 써서 타인 앞에서는 감정을 보이지 않을 수도 있지만, 가까운 다른 사람에게는 감정의 물벼락을 쏟아낼 수 있다.

감정을 통제하지 못할까 봐 감정을 숨기는 것은 구더기 무서워서 장 못 담그는 것과 다르지 않다. 그러나 감정을 표현하는 방식(행동)에는 보다 세심한 주의를 기울여야 한다. 특히 타인에게 물리적 폭력을 휘두르거나 언어폭력을 함부로 저질러서는 안 된다. 타인을 존중하고 대화를 통해 그의 입장에서 공감하고, 적절하게 감정을 표현하는 방법을 알려주면 타인은 오히려 자신을 신뢰하고 따르게 된다.

만약 타인과 교감 도중, 감정이 너무 격해져서 타인과 이성으로 대화하기가 어렵다는 생각이 들면, 잠시 시간을 두고 자기 조절부터 해야 한다. 과학적으로 효과가 검증된 자기 진정법은 호흡을 천천히 고르게 2~3회 하는 것으로 약 20~30초 정도 걸린다.

지금까지 살아오며 감정을 숨기거나 억누르며 살았던 사람이, 새삼 감정의 중요성을 알았다고 해서 하루아침에 다양한 감정을 편안하고 풍부하게 마주할 수 있는 것은 아니다. 어떠한 감정을 느끼는 것도 일종의 습관이라고 할 수 있다. 오랜 세월 동안 굳어진 습관을 단번에 바꾸기 어렵듯이, 오랜 시간 감정을 느끼지 못한 채 무감각하게 살았던 사람이라면 자기 감정과 친해지는 데 시간이 걸릴 수밖에 없다.

자신의 감정을 인식하고 그것에 익숙해지려면 약간의 연습이 필요하다. 현대사회에서 정신없이 살다 보면 순간순간 어떤 감정들이 생겨났다가 사라졌는지 기억조차 하기 어렵다. 아니면 아주 오랫동안 감정을 외면하며 살아서 스스로가 느낄 수 있는 감정의 종류가 그리 많지 않을 수도 있다.

감정을 느끼는 사람과 못 느끼는 사람이 따로 있을까? 모든 사람이 감정을 느끼고, 누구나 상대의 감정을 인지할 수 있을까?

이에 대한 최초 연구자는 진화론 창시자 찰스 다윈이다. 그는 감정이 생존과 직결된다고 믿었으며, 생존과 관련되었다면 인류 보편적인 감정이 있을지도 모른다고 가정했다.

다윈은 자신의 가설을 실험해 보기 위해 전 세계를 돌아다니며 원주민의 다양한 얼굴 표정을 스케치한 뒤, 원주민을 한 번도 만나본 적이 없고 당연히 그들의 언어와 문화를 모르는 영국의 남녀노소에게 어떤 감정인지 맞춰 보라고 보여줬다. 반대로 백인 문명이나 사회를 한 번도 본 적이 없는 원주민 남녀노소에게도 영국인들의 다양한 얼굴 표정 스케치를 보여줬다.

결과는 아주 흥미로웠다. 6~7가지 감정은 영국인이나 원주민이나 거의 알아맞히더라는 것이다. 하지만 다윈의 이 흥미로운 발견은 당시의 진화론에 비해 전혀 주목을 받지 못하다가, 1970년대 폴 에크먼 교수가 다윈의 논문을 현대적으로 과학적인 검증을 해보았다. 스케치 대신 카메라를 이용하니 좀 더 정확한 표정을 포착할 수 있었고, 이를 통해 인류의 보편적인 7가지 감정을 증명하여 다윈의 연구를 재발견했다.

사람에게는 보편적인 7가지 감정과 유사한 감정이 있다. 다음은 7가지 기본 감정(행복, 흥미, 슬픔, 분노, 경멸, 혐오감, 두려움)과 그로부터 파생된 유사 감정들을 한눈에 볼 수 있도록 만든 표이다.

행 복	사랑스러움, 고마움, 유대감, 황홀감, 극치감, 명랑 쾌활함, 만족감, 하늘로 붕 뜨는 느낌, 반가움, 감사함, 기쁨
흥 미	기대감, 관심, 열심, 몰두감, 재미, 흥분
슬 픔	우울, 기분이 처지고 가라앉음, 절망, 실망, 미안함, 불행감, 비통함, 후회스러움
분 노	짜증, 불쾌감, 불만, 격노, 시기심, 좌절, 화
경 멸	무례함, 비판적, 씁쓸함, 거부감
혐오감	기피하고 싶음, 싫어함, 증오, 구역질
두려움	불안, 겁남, 걱정스러움, 혼란스러움, 경악, 예민함, 무서움, 소심함, 불편함

예컨대 감정일지를 쓰는 것도 자신의 감정을 파악하는 데 좋은 방법이다. 감정일지란 말 그대로 하루 동안 어떤 감정을 느꼈는지를 기록하는 것이다. 감정일지는 자신의 감정을 스스로 인식하는 것뿐 아니라 자신의 감정을 좀 더 객관적으로 바라보고 조절할 수 있는 힘을 키우도록 도와준다.

바쁜 사회생활 동안 감정일지를 쓰기란 쉽지 않다. 그러나 아주 간략하게라도 어떤 감정을 어떤 상황에서 느꼈는지, 감정의 강도는 어느 정도였는지를 적어 두면 자신의 감정과 좀 더 빨리 친해질 수 있다. 일주일 정도만 기록해도 평소 자신의 감정을 이해하는 데 큰 도움이 된다.

감정일지

요일	느껴 본 감정	상황 (감정을 유발한 상황이나 장면)	주관적 감정의 강도 (1~10으로 기록)
월			
화			
수			
목			
금			
토			

마음을 열면 누구나 타인의 감정을 이해할 수 있다

일반적으로 감정을 겉으로 드러내지 않고 사는 데 익숙한 사람들은 자기의 감정을 표현하는 것은 말할 것도 없고, 타인의 감정을 진심으로 이해하고 파악해 줄 수 없어 안타까워한다. 스스로 자기가 감정을 조절하는 데 서툴다고 생각하는 사람들은 고민이 더 깊을 수밖에 없다.

하지만 감정나눔을 잘하고 못 하고를 결정하는 것은 태어날 때부터 결정되는 것이 아니다. 감정나눔을 하고자 하는 '마음'이 더 중요하다. 마음을 활짝 열고 감정나눔을 익혀서 실천하면 누구라도 타인의 감정을 진심으로 이해할 수 있게 된다.

가트맨 박사는 약 40퍼센트만 감정코칭을 해도 그 효과는 100퍼센트에 못지않다고 한다. 감정나눔을 받으면서 타인에 대한 신뢰가 쌓인 사람들은, 설령 자신이 직접 감정나눔을 해주지 못해도 그다지 상처를 받지 않는다.

아이러니하게도, 같은 상황에서 똑같이 말했는데도 어떤 사람은 상처를 받고, 어떤 사람은 전혀 영향을 받지 않는다. 사람들은 저마다 타고난 기질이 서로 다르기 때문이다. 성격과는 다르게 태어나기 전부터 이미 갖고 있는 성향이 있는데, 이를 '기질'이라고 한다.

하버드 대학의 제롬 케이건 교수의 고반응적 기질과 저반응적 기질 연구가 현재까지 가장 널리 알려진 학설이다. 고반응적이란 미세한 자극도 쉽게 감지하며 반응성이 높다는 뜻이고, 저반응적이란 많은 자극을 통해야만 감지가 되므로 겉으로 보기에는 반응 속도나 강도가 약하다고 말할 수 있다.

이는 대개 타고난 성향이며 생물학적으로 결정되는 것으로 연구되어 있다. 기질은 평생 크게 달라지지 않는다는 것으로도 알려져 있다.

감정나눔을 성공적으로 이루기 위해서는 타인이 처한 환경을 이해하는 과정이 필요하다. 타인의 환경을 제대로 이해하고 나서 그에 따라 대안을 마련해야 하는 것이다.

사람의 감정은 다양한 경험을 통해 더욱 풍부해진다. 즉 감성이 풍부해지려면 다양한 방법으로 가능한 한 많은 경험을 해보는 것이 좋다. 새로운 소재들을 많이 제공하여 직접 보고, 듣고, 만져 보고, 맛을 볼 수 있는 기회를 만들어 준다면, 타인은 새로운 감정을 느끼게 되고 세상을 이해하는 폭이 그만큼 넓어진다. 책을 읽거나 다양한 사람들을 만나는 교류의 장을 마련하는 것도 감정의 폭을 넓힐 수 있는 좋은 방법이다.

하지만 무엇이든 과하면 좋은 결과를 얻기 어려운 법이다. 지나친 감정 자극은 좋지 않다. 타인이 감당할 수 있는 한도 내에서 받아들일 수 있을 만큼의 적절한 자극을 주어야 한다. 자극이 너무 과하면 감정을 감당하지 못해 힘들어하고, 극도로 지나쳐 한계를 넘어서면 무감각해진다.

감정에는 선과 악이 있을 수 없고, 인간이 느낄 수 있는 다양한 감정을 최대한 많이 느껴 보는 것은 참으로 바람직하다. 그러나 너무 일찍 극에 달할 만큼의 감정을 느끼는 것은 득보다는 실이 많다. 예컨대 요즘 아이들의 경우에는 너무 쉽게 극한 감정에 노출된다. 텔레비전이나 영화를 통해 폭력을 휘두르거나 살인을 저지르는 장면을 너무도 손쉽게 접한다. 인터넷도 마찬가지다. 인터넷상에서는 아주 쉽게 얼마든지 자극적인 장면을 볼 수 있다. 게임은 이미 그 위험수위를 넘어선 지 오래이다. 싸우고 죽이는 폭력적인 게임들이 여기저기에 넘쳐나서 이제 아이들은 폭력이 얼마나 무섭고 끔찍한 것인지 무감각해졌다.

너무 일찍 극에 달하는 감정에 노출되거나 자신이 감당할 수 없는 자극을 받아 극한 감정을 경험한 사람들은 스트레스에 취약해지고 쉽게 흥분한다. 물론 그러한 사람들은 감정 조절에도 어려움을 겪는다. 따라서 적절한 단계에 맞춰 타인이 감당할 수 있는 한도 내에서 적절한 강도의 자극을 주고, 가능한 극한 감정에 쉽게 노출되지 않도록 도와주어야 한다.

타인의 감정을 파악하고 그에 따라 공감해 주었다고 해서 언제나 바로 감정나눔의 효과가 나타나는 것은 아니다. 예컨대 오랜 기간 억압적인 부모 밑에서 자신의 감정을 깡그리 무시당하며 자란 아이들일수록 부모가 감정나눔을 하려는 모습을 어색해하며 적응하지 못할 수 있다.

하지만 여기서 명심할 것이 있다. 중요한 것은, 어떠한 상황에서도 타인의 손을 놓으면 안 된다는 것이다. 타인의 감정을 이해할 수 있을 때까지 열 번이고 스무 번이고, 재도전을 해야 한다. 의식적으로 노력하지 않아도 습관이 완전히 몸에 배어 익숙해지는 데는 약 63~100일이 걸린다고 한다.

평균적으로 두세 달 정도 노력하면 생각하지 않아도 저절로 자연스럽게 배어 나오게 된다. 그러니 감정나눔을 시도했는데도 생각만큼 잘 안 되었다고 실망하지 말고 계속적으로 타인과 더불어 시도해야 한다. 그러다 보면 자기 자신도, 그리고 타인도 훌륭하게 인격적인 성장을 이룰 수 있게 된다.

2-4.

인생은 반드시 해야 할 숙제다

때때로 어떤 사람은 우리네 인생에서 추구해야 할 것이 행복이라고 말하며, 또 어떤 사람은 한 번 뿐인 인생은 재미있게 살아야 한다고 한다. 그래, 둘 다 맞는 말이다. 우리는 일생을 살아가는 동안 재미있게 살아야 하고 또한 행복해야 한다. 그런데 많은 사람들 중에 "내 인생은 즐겁고 행복해"라고 자신 있게 말할 수 있는 사람이 실제로 얼마나 될까? 나는 강의를 할 때 이렇게 말하곤 한다.

"절대로 행복에 속지 마십시오."

오늘날 대한민국에서는 언제나 시간이 부족하고 매번 쫓기듯이 사는데도 해야 할 숙제는 너무 많다. 마치 다음 날 학교에서 검사받아야 할 숙제가 산더미처럼 쌓여 있는, 졸린 눈을 억지로 치켜뜨며 늦은 시간까지 숙제에 처절하게 매달려 있는 학생과 어찌보면 비슷한 것이다. 그런데 이런 상황에 더해 이른바 잘나간다는 사람들이 "인생을 사는 동안 행복해라, 재미를 찾아라"라고 하는 것은 해야 할 숙제는 많고 시간은 없는데 이런 상황에다 끓는 기름을 붓는 격이다.

나는 강의를 하는 동안 내내 '행복해야 한다. 인생의 재미를 찾아라. 인생은 숙제가 아니라 축제다. 즐기면서 살아야 한다' 따위의 조언을 하지 않는다. 그렇지 않아도 우리네 인생은 하루하루의 삶이 충분히 고단한데 누군가 옆에서 자꾸 이런 말을 하면 오히려 기운만 더 빠질 것이다.

아이러니하게도, 안락하고 편안한 삶을 사는 사람들이라고 해서 모든 조건이 충족되어 항상 행복한 것은 아니다. 우리가 인생을 살면서 생기는 좋은 일과 나쁜 일은 모두 우리들에게 큰 스트레스로 작용한다.

자, 그렇다면 지금부터는 거짓 행복을 추구하며 인생을 낭비하지 말자. 가장 먼저는 지금 얻으려고 하는 행복이 과연 자신이 진정으로 원하는 것인지 다시 한번 확인해 보아야 한다. 현대사회에서 사회나 언론에서 심어 준 행복, 이를테면 사회적 성공과 부, 완벽한 사랑, 방황과 갈등이 존재하지 않는 심리 상태 등 거짓된 일종의 환상에 얽매어 있지는 않는가? 잘못된 행복은 정상적인 불행보다 더 나쁜 경우에 빠지는 일이 될 수도 있다.

우리가 진정으로 원하는 행복은 추구한다고 얻을 수 있는 것이 아니라 매일의 행동이 모여 생기는 일종의 결과물에 불과하다. 행복은 그저 정신적으로 추구하는 쾌락적 정서를 의미하는 것이 아니다.

그렇기 때문에 지금 당장 즐겁다고 해서 행복하다고 할 수는 없다.

그렇다면 무엇이 진정한 행복일까? 인간은 자기 자신이 믿고 있는 인생의 신념이나 가치에 부합하는 행동을 할 때 비로소 좋은 기분을 느낀다. 또한 인간은 자신이 인생에서 진정으로 추구해야 할 방향을 잃어버렸거나, 비록 길을 알고 있다고는 해도 그곳을 향해서 나아갈 수 없다고 느낄 때 불행을 느낀다. 그러나 당장의 현실이 불안하고 힘들다고 해서 자신의 현실에서 도망가 버리면 자기 자신이 그토록 원하는 것을 얻을 수 없다. 이렇게 하면 당장은 편할지 몰라도 끝내는 불행해질 수밖에 없다.

자, 그렇다면 간단하다. 우리는 살아가면서 인생에서 추구해야 하는 가치와 사명이 무엇인지 분명하게 정의해 두어야 한다. 자신만의 삶의 이야기에 기반을 둔 자기만의 인생의 사명을 갖고 있어야 한다. 그렇다고 해서 거창한 것을 이루려 하기보다는 작은 것 하나라도 놓치지 않으려고 하는 것이 더 중요하다. 또한 그럴 듯하게 다른 사람의 인생을 사는 것이 아니라 진짜 내가 원하는 삶을 제대로 살아야 한다. 영국의 시인 새뮤얼 존슨은 이렇게 말했다. "위대한 일들은 힘으로 이루어지는 것이 아니라 인내로 이루어진다."

행운을 바라며 한꺼번에 모든 것을 이루려 하기보다는 자기에게 주어진 길을 꾸준하게 걸어가는 사람만이 진짜 인생을 살아갈 수가 있다. 우리가 인생에서 얻을 수 있는 가장 소중한 것은 인생의 마지막이 되어 봐야 알 수 있는 법이다. 그것을 알기 위해 우리는 매일매일 노력하고 인내하고 정성을 다하며 살아가는 것이다. 우리네 인생의 가장 중요한 문제는 언제나 우리의 인생 전체를 살아봐야만 답할 수 있기 때문이다.

그러나 모든 것은 아직 희망적이다. 우리에게 아직도 해야 할 숙제가 많이 남아 있다는 것은 참으로 즐거운 일이다. 달리 말하자면, 해야 할 숙제가 많은 만큼 인생을 살아야 할 이유도 많다는 뜻이다. 또한 우리에게는 아직 그만큼의 열정이 남아 있다는 뜻이기도 하다. 반드시 해야 할 숙제 없는 인생은 생각할 수도 없다. 따라서 우리에게는 당연히 아직도 풀어야 할 숙제가 많이 남아 있어야 한다.

아직도 해야 할 숙제가 남아 있다는 것은 우리에게 두 가지를 알려준다. 우리는 여전히 살아 있다는 것과 당분간은 주어진 숙제의 무게만큼 따르는 고통도 던져 버릴 수는 없다는 것을. 그래서 힘이 들어도 우리는 계속해서 한 발 한 발 자기 자신만의 길을 걸어가야 한다. 그것이 바로 우리네 인생이다.

2-5.

시간의 치유력

우리가 사는 이 세상에는 변하지 않고 가만히 제자리에 있는 것은 아무것도 없다. 사람의 삶 또한 그렇다. 세월의 흐름에 따라 변하고, 변하고, 또 변하는 것이 세상의 이치다. 그렇게 시간의 흐름에 맡기고 기다리다 보면 언제 그랬냐는 듯이 새로운 무언가가 자신을 향해 모습을 드러내는 순간이 찾아온다. 그렇다. 우리는 그 순간이 찾아올 때까지 기다려야 한다. 인간이 가진 놀라운 힘은 새로운 것을 만들어내는 능력이 아니라, 새로운 무언가가 그 존재를 드러내는 순간까지 참고 기다릴 줄 아는 능력이다. 그러기에 우리는 기다리며 시간을 견뎌야 한다.

이제 그만 인생을 끝내고 싶은 강렬한 충동도 그 순간만 버텨내면 시간의 힘으로 자연히 희미해지기 마련이다. 좀 전까지 죽고 싶다는 생각에 시달렸다 하더라도 시간의 힘을 믿고 기다린다면 왜 살아야만 하는지에 대해서도 깨달을 수 있다. 왜냐하면 인간이 왜 살아야 하는지, 그리고 그 삶은 어떤 목적과 방향성을 갖고 있는지를 규정하는 것은 사람의 힘이 아닌, 바로 시간이기 때문이다.

긍정적인 사람과 부정적인 사람의 차이는 다른 것이 아니다. 그것은 시간의 힘을 믿느냐 그렇지 않느냐에 달려 있다. 긍정적인 사람은 앞으로 좋은 일이 생길 거라 믿는 것이 아니라 설사 미래에 나쁜 일이 생길지라도 시간이 지나면 사라진다는 것을 안다.

우리는 자기 자신의 힘으로 삶을 만들어 간다고 믿는다. 과연 그럴까? 인생이란 다름 아닌 시간이 지나온 결과물이다. 필연이든 우연이든 정해져 있는 결론이든 아니든 간에, 시간이 우리와 우리 삶을 규정하고 새롭게 만들어 가는 것이다. 그러므로 단지 우리가 할 수 있는 일이란 인간과 삶을 이해하고 의미와 가치를 부여하는 것뿐이다. 우리가 이 세상에서 영원히 자취를 감춘다 해도 우리의 이야기는 그대로 남기 때문이다.

인생은 하나가 끝나고 다음이 시작되는 단편소설이 아니라 죽을 때에야 비로소 완성되는 하나의 장편소설이다. 그러니 우리는 그저 부족하고 아쉬운 것들이 채워지기를 간절히 바라면서 기다리면 된다. 그러면 우리 마음은 시간이란 나침반을 통해 그것을 이룰 수 있는 방법들을 자연스럽게 찾아간다. 인생이란 장편소설은, 나중에 시간이 흘러 죽음이 자기 앞에 찾아왔을 때가 되어서야 그것이 어떻게 완결되었는지 알 수 있다. 즉 시간이 흘러야만 그동안 보이지 않던 것을 비로소 볼 수 있게 된다는 것이다. 인생은 짧다면 짧지만, 훌륭하고 영예롭게 살기에는 충분히 길다.

그녀는 20대 초반에 가난한 남편과 결혼해서 아들 둘을 낳았다. 남편과 함께 사업을 시작한 그녀는 가진 것은 없었으나 오로지 성실함 하나로 버텼다. 공장에서 쪽잠을 자고 단칸방으로 내몰릴 때도 있었다.

어느덧 사업이 안정되고 돈도 많이 벌었다. 그런데 그때부터 남편은 계속 여자 문제를 일으켰다. 그녀는 전쟁 같은 시간을 보냈다. 이혼하고 싶었지만 두 아들을 생각해서 참았다. 아들들이 결혼할 때까지만 참고 살겠다 마음 먹었던 것이다.

그런 그녀에게 위암 선고가 내려졌다. 왜 자꾸 이런 힘든 일만 생기는지, 그녀는 이렇게 살아서 뭐하겠냐는 생각을 하게 되었다.

그런데 암 수술 이후에 그녀는 표정이 밝아졌다. 암 수술을 받고 나니 죽고 싶은 마음이 싹 사라진 것이다. 어떻게든 살아야지 하는 마음이 커졌다. 더 견디고 버텨 봐야 비로소 자신의 인생에 뭐가 더 남아 있는지 알 수 있을 것 같았다.

Tip

티베트 불교에는 '통렌'이라는 특별한 수행법이 있다. 이 수행의 절반은 다른 사람과 자신, 또는 특정한 감정과 상황을 향해 빛과 사랑을 내보내는 연습이다. 나머지 절반은 까다롭고 고통스러운 상황을 피하지 않고 있는 그대로 받아들이기, 즉 호흡으로 들이마시는 연습이다.

이제, 숨을 내쉴 때마다 빛과 사랑을 내뿜는다고 생각하라. 그런 감정을 실감 나게 느낄 필요까지는 없다. 단순하게 그 사람, 상황, 또는 감정에 집중하고 "당신에게 빛과 사랑을 보냅니다"라고 되뇌어 보라. 반복하고 또 반복하라. 이것은 당신이 찾아볼 수 있는 가장 강력한 연습이다. 약간의 사랑만으로도 많은 것을 치유할 수 있다.

우리에게는 지구 전체를 치유할 만한 깊은 사랑이 내재해 있다. 다만 그동안 구두쇠처럼 그것을 아껴왔을 뿐이다. 사랑을 주위에 발산하라. 사랑은 나누어도 줄지 않는다. 비로소 사라지는 것은 바로 당신의 슬픔이다.

3장.

자신이 행복하면 타인은 두 배로 행복하다

3-1.

남을 탓하면 스스로는 무기력해질 수밖에 없다

우리는 바라던 일이 수포로 돌아갈 때 모든 일의 원인을 다른 사람에게 미루기도 한다. 실망, 갈등, 손해 등 여러 가지 부정적인 결과를 마주할 때마다 책임을 돌릴 만한 사람을 찾기도 한다. 그럴 경우, 마치 격한 감정을 표출하고 비난해도 좋을 만한 대상이 필요한 것처럼 보이기까지 한다.

많은 사람이 뜻하지 않은 문제가 생겼을 때, 흔히 다음과 같은 태도를 보인다.

"만약 내가 전혀 다른 조건의 환경을 가지고 있었다면 모든 게 달라졌을 텐데. 그러면 지금 정말 행복할 텐데."

위와 같은 푸념은 언제 어디서나 들을 수 있다. 그 문제가 사업, 건강, 가정, 인간관계 등 어떤 영역에 속해 있는가 하는 것은 그다지 문제가 되지 않는다. 일부 사람들은 문제가 생기는 즉시, 자신이 아닌 바깥에서 그 원인을 찾는다.

그런데 아이러니하게도 위와 같은 생각은 완전히 틀렸다. 문제가 된 상황이 어떻게 변하더라도, 자기 자신이 변하지 않는다면 아무것도 달라지지 않는다.

언제 어디서 무엇을 하더라도 우리는 우리 스스로를 벗어난 결과를 얻을 수 없다. 외부 상황의 변화는 일시적일 수밖에 없다. 우리네 인생에서 끊임없이 일어나는 주요한 사건은 우리의 무의식적인 사고, 신념, 행동, 성향이 바깥으로 그대로 모습을 드러낸 것에 불과하다. 설사 우리가 삶의 무대 전체를 바꾼다 하더라도 이런 기본적인 패턴은 그대로 지속된다.

충분한 시간을 가지고 이 진리를 천천히 곱씹어 보자. 이 같은 진리를 제대로 인식하는 것은 매우 중요하다. 진심으로 이 진리를 이해하고 인정하게 되면 우리네 인생에는 엄청난 변화가 일어날 것이다. 자신의 삶 속에서 발생하는 실패와 불행을 외부의 사건이나 사람의 탓으로 돌리는 태도야말로 모든 고통, 화, 좌절의 원인이라는 점을 대부분의 사람이 깨닫지 못하고 있다.

이처럼 남을 탓하는 성향은 또 다른 면에서 매우 위험하다. 우리가 흔히 다른 사람을 비난할 때 무의식적으로 '우리가 옳고 그들은 틀렸다'는 생각을 갖게 된다. 즉 자기 자신을 합리화하려는 경향이 커진다. 우리는 스스로도 모르게 자신의 마음속에서 완전하고, 특별하고, 우월한 존재가 된다. 우리의 생각 속에서 아무도 우리를 넘보지 못할 정도로, 우리는 강자이고, 다른 사람은 약자이기 때문이다.

그러나 진실은 그와는 많은 차이가 있다. 일반적으로 남을 탓하는 사람들은 점점 약하고 무력해질 수밖에 없다. 그들이 진정으로 냉철하게 현실을 바라볼 수 있는 능력을 잃고 무방비 상태로 대처하게 되기 때문이다. 마침내 그들은 직업과 친구를 잃고 전전긍긍하면서 대체 왜 이런 일이 벌어지는지 모르겠다고 한숨만 내쉰다. 투명한 유리벽에 둘러싸여 진짜 현실과 마주하지 못하고 자신이 처한 현실 안에서의 자기 역할을 깨닫지 못하면 이런 결과가 벌어진다. 남을 탓하는 행동은 주체적으로 삶을 꾸리는 능력을 감소시킨다. 남을 탓함으로 해서 강해지는 것이 아니라 한 걸음 한 걸음 더욱 나약해질 뿐이다.

자신이 처한 현실 속 상황을 분명하게 인식하지 못하면 올바르게 대처하거나 잘못된 점을 개선할 수 없다. 일부 사람들은 실패와 비난을 너무 두려워한 나머지, 주변 상황을 냉철하게 파악하는 것을 아예 포기해버린다. 그리고 그런 부정적인 패턴은 그들의 삶에서 끊임없이 반복된다. 이처럼 자존심과 에고는 현실을 바르게 바라보는 눈을 멀게 할 수도 있다.

또 일부의 사람들은 문제 상황에 직면하는 것은 곧 실패를 뜻한다고 여기기도 한다. 그러나 앞서 설명했듯이 진실은 정반대다. 모든 사람이 그 문제에 관여하고 있는 상황에서, 뭔가 잘못되어 가는 부분에 대해 책임감을 갖고 직면하려는 태도는 오히려 모두의 힘을 불러모은다. 단언컨대 '비난'과 '자각'의 차이점, '처벌'과 '정상적인 개선'의 차이점을 분명히 깨달아 갈수록 용기는 더욱 솟구칠 것이다.

남 탓하는 일을 멈추고 맡은 바 책임을 다할 때마다, 삶 곳곳에서 엄청난 변화가 일어날 것이다.

경훈은 작은 사무실의 주임이었다. 그는 판매량 감소, 직원 간의 불화, 고객의 불만이 생길 때마다 비난을 쏟아내곤 했다. 그런 행동은 평소에 해고하고 싶었던 직원에게 자신의 책임을 전가하는 일로부터 비롯되었다.

"새로운 인재가 들어오면, 더 좋은 성과를 낼 수 있습니다."

그러나 상사는 경훈의 건의를 받아들이지 않았다. 그러자 경훈은 사무실 안에서 문제의 원인을 찾아내고야 말겠다고 마음을 먹었다. 경훈은 매주 회의를 소집하고 모든 사람을 질타했다. 나중에 그는 이렇게 말했다.

"그들을 격려하려고 한 말이었어."

사람들이 하나둘 떠날 때까지도 경훈은 자신의 행동을 되돌아보지 못했다. 마침내 매출이 하강곡선을 그리자, 경훈은 노골적으로 불황을 탓했다. 그는 상사에게 말했다.

"지금은 도저히 나아질 수 없는 상황입니다. 어딜 가나 마찬가지일 거예요. 모든 산업이 흔들리고 있다고요. 지금은 불황이니까요."

이미 충분한 기회를 주었다고 생각한 상사는 그 자리에서 경훈을 해고했다. 경훈은 주변에서 벌어지는 일에 자신이 무슨 역할을 해야 하는지 인식하지 못했다. 그는 자신이 그 상황에 어떻게 관여하고 있는지 알지 못한 채, 밖에서 벌어지는 일에만 신경을 썼기 때문이다.

피해의식은 앞으로 나아갈 수 없게 만든다

현대사회에서 많은 사람이 공공연히 자신을 피해자로 여기는 일은, 사실 수많은 사회적 규칙과 법 조항과도 관련이 있는 복잡한 문제다. (여기서는 단지 화를 제거해 가는 과정에만 초점을 맞추고 있다.) 지금부터 우리는 피해자 의식과 분노의 관계, 그리고 그 부정적인 영향을 살펴보고자 한다.

가장 먼저, 일단 자신을 피해자로 규정하게 되면 필연적으로 그에 걸맞은 정체성을 갖게 된다. 일부의 일이기는 하지만, 어떤 사람들은 피해자가 되는 과정을 통해 특별한 힘을 얻는다. 이상하게도 그들은, 마치 계속 화를 내거나 복수를 해도 된다는 특권을 얻은 것처럼 여긴다. 물론 (정상적인 상황에서) 외부로부터 상처를 입은 사람이 자신의 나약함을 깨닫고 힘을 키우려고 노력하는 것은 당연하다. 그렇다면 스스로 힘을 키워 강한 자아를 가질 수 있는 최선의 방법은 무엇일까? 부당하게 피해를 당했다는 생각을 항상 머릿속에 심어 두고 생활하는 것이 과연 효과적으로 잃어버린 권리를 회복하는 방법일까? 일반적으로 '피해자'라는 단어에는 자신에게 벌어진 일에 대해 제어할 힘이 없는 사람이라는 뜻이 은연중에 담겨 있다. 정말 당신은 이같이 나약한 모습으로 살기를 원하는가? 피해자 의식은 모든 사건에서 권한과 책임을 자신에게서 원천적으로 박탈할 뿐이다.

현대사회에서 피해자를 옹호하는 많은 사람은 '힘의 균형이 이루어진' 사회를 원한다. 그러나 그 같은 그들의 정의를 달성하기 위해 더 많은 대가를 치러야 하는지도 모른다. 어떤 사람들은 자신의 주장이 옳았다는 사실이 증명될 때까지 오랜 세월 동안 모든 삶을 포기하고 절망감과 분노를 안고 살아간다. 아주 일부의 경우이기는 하나, 어떤 사람들은 다른 사람에게 분노를 퍼붓기 위해 '피해자 의식'을 이용하기도 한다. 그들은 자신이 과거에 피해를 당한 일이 있으므로 다른 사람들을 맘껏 증오하거나 그들에게 복수해도 괜찮다는 생각을 갖고 있는 것 같다.

그렇다면 과연 피해자 의식은 개인에게 어떤 영향을 미치는 것일까? 피해의식은 사람을 미래를 향해 앞으로 나아가지 못하게 한다. 그들은 계속 고통스러운 상황 속에 자신을 가두고, 그들의 마음을 고통과 분노로 가득 채운다. 그들은 모든 집단과 사람들을 일정 정도 비뚤어진 눈으로 바라본다. 그들은 자신들이 저지르는 온갖 형태의 악의를 단지 피해자였다는 이유로 합리화한다. 이러한 행위를 통해, 그들은 이렇게 보이지 않는 감옥에 스스로가 원해서 갇힌다. 그런 식으로 그들은 진짜 피해자가 되어 간다.

반면, 피해자에게 일어난 일에 대해서 아무런 책임도 지지 않으려는 사람들도 많다. 보통 이런 경우에는 피해자에게 모든 책임과 원인을 뒤집어씌우는 일이 벌어진다.

'나는 피해자'라는 생각에 갇혀 있으면 어떠한 해결책도 만들어낼 수 없다. 그것은 오히려 스스로에게 살아갈 힘을 빼놓는 일이 된다. '피해자'라는 말 자체에는 트라우마를 지우고 본래의 삶을 되찾을 방도가 없다는 뜻이 내포되어 있기 때문이다.

트라우마란 개인의 삶에 장기간 영향을 미치는 정신적 상처를 말하는데, 주로 과거에 겪은 충격적 경험에서 비롯된다. 그러나 트라우마는 얼마든지 지울 수 있다. 우리는 과거에 상처 입은 경험을 오래도록 짊어지고 살 필요가 없다.

우리에게 크나큰 고통을 주었던 그 사건은 이미 끝이 났으며 과거의 일이 되었다. 그런데 아이러니하게도 그것은 아직 영향을 미치고 있다. 무엇이 그 영향력이 남아 있게 하고 무엇이 고통과 트라우마를 지속시키는가? 이것을 깨닫는 일은 매우 중요한 문제다. 외상 후 단계에 있는 사람은 그 끔찍한 사건과 관련된 고통을 수십 년이나 반복해서 겪을 수도 있기 때문이다. 그들은 오랜 시간이 흐른 뒤에야 스스로 그 기억을 마음속에서 재창조해 왔다는 사실을 깨닫는다.

한편, 어떤 사람들은 크나큰 고통을 겪으면서도 더욱 각성하고 온전하게 성장한다. 그런 사람들은 한낱 분노와 복수심의 노예가 되지 않는다. 그들은 끊임없이 삶의 다른 측면을 보고자 노력한다. 그들은 자기 자신에게 일종의 강한 확신을 갖고 있다. 그들은 자기 자신의 값어치에 대해 일말의 의심도 품지 않으며 깊은 상처를 입지 않는다. 오히려 그들은 사는 동안 다양한 경로를 통해 상처를 받을 수도 있는 현실을 인정하며, 그런 사건을 자신만의 문제로 받아들이지 않는다. 즉 그들이 상처를 입고 고통을 받은 이유는, 그들에게 특정한 결함이 있어서가 아니다.

분노와 원한이 우리의 몸과 마음에 얼마나 큰 해악을 미치는지 이해하고 나면, 끈질긴 피해의식에 시달리게 하는 자기 기만적 자아상을 버리는 일이 얼마나 중요한지 깨닫게 된다.

3-3.
죄책감은 마음의 성장을 막는다

순교자 유형에 속하는 사람들은 정작 자신을 순교자라고 생각하지 않는다. 그들은 자신을 박해받고, 인고의 세월을 보내고, 이용당하고, 업신여겨지고, 발언권을 잃은 사람으로 생각할 것이다. 이상하게도 그들은 좀처럼 이 같은 부분을 회복시키고자 하지 않는다. 명성을 얻거나, 고맙다는 인사를 받거나, 그렇다고 인정을 받으려 하지도 않는다. 순교자 유형에 속한 사람들은 상대방이 어떻게 반응하든 자신은 그저 양보만 한다. 그러나 이들에게도 모순적인 태도가 존재한다. 그들은 자신의 고통과 슬픔을 외부로 공공연히 드러냄으로써, 상대적으로 상대방을 무심하고 둔감하고 이기적인 사람으로 만든다. 순교자에게 인간관계란 동등한 것이 아니다. 그들은 그런 것에 관심이 없다. 그들의 정체성은 '이용당하고 상처 입은' 상태에 단단히 머물러 있다. 아니, 머무르기를 원한다. 그들은 종종 자신이 성자인 것처럼 말하기도 한다.

하지만 여기에 함정이 도사린다. 순수하게 베푸는 행동과 상대방을 조종하는 행동은 완전히 다르기 때문이다. 베풂으로 위장한 조종은 상대방으로부터 뭔가를 돌려받기 위해, 또는 상대방보다 유리한 위치를 선점하기 위해 희생한다. 그것은 진정한 베풂이 아니다. 상대방이 스스로 자신을 나쁘게 평가하도록 유도하는 교묘한 함정이다. 순교자 유형의 사람들의 베풂은 보상을 요구하는 희생이다. 그런 희생은 늘 가격이 매겨지기 마련이다.

(순교자의 경우처럼) 서로 동등하지 않은 인간관계, 즉 주는 쪽이 계속 주기만 하여 힘들어지고 고갈될 것이 빤한 상황에서의 베풂은 순수한 행동이라고 할 수 없다. 그런 행동의 목적은 오직 상대방을 통제하기 위한 것이다.

한편, 어떤 순교자들은 아예 자신이 존중받을 만한 인물이 아니라고 생각한다. 그들은 상대방으로부터 아무것도 받지 않고 오로지 주기만 하는 것이 상대방과의 관계를 지속하는 유일한 방법이라고 생각한다. 또 다른 순교자는 자신이 여타의 사람들보다 존귀하며, 상대방은 자신보다 훨씬 낮은 위치에 있다는 보이지 않는 우월감을 즐긴다.

이런 순교자와 인간관계를 맺은 사람은 머지않아 자신이 그에게 크게 빚졌다는 느낌을 갖게 될 것이다. 그러나 그 빚을 갚고 순교자가 얽어 놓은 속박에서 벗어날 방법은 도통 알 수가 없다.

극단적인 표현일 수도 있지만, 죄책감은 치명적인 독이다. 죄책감에 시달리는 사람들은 자신을 줄곧 괴롭히는 이 알 수 없는 괴로움을 덜기 위해 자신을 처벌할 방법을 찾기에 이른다. 어쩌면 이처럼 상대방의 죄책감을 유발하는 행동은 그에게 직접적으로 해악을 끼치는 행동과 별반 다르지 않다. 의심할 여지 없이, 그것은 상대방을 향한 명백한 공격 행위다.

순교자와 인간관계를 맺은 사람들에게 생기는 가장 중요한 결과 중 하나는 바로 죄책감을 갖게 된다는 것이다. 순교자는 자신과 인간관계를 맺은 상대방에게 죄책감을 심어 주는 데서 힘을 얻는다. 그들은 다른 사람들이 죄책감에 시달리며 자신을 탓하고 괴로워하는 모습을 보며 즐거워한다. 그들은 마음속으로 이렇게 주장할 것이다.

"내가 얼마나 훌륭한 사람인지 보라. 그리고 네가 얼마나 나를 비참하게 만들었는지 알라. 그러나 나는 너보다 훨씬 존귀한 사람이기 때문에 기꺼이 이 박해를 받아들일 것이다."

특히 아이들이 순교자 유형의 사람과 마주했을 때 겪게 되는 혼란은 참으로 엄청나다. 결국 아이들은 자신을 비천하게 평가하게 된다. 그들은 감히 순교자에게 그 어떤 분노와 불만도 표현할 수 없다. 그들이 생각하기에, 그것은 더욱 순교자를 힘들게 하고 그에게 더 큰 상처를 입히는 행동이 될 것이기 때문이다. 이렇듯 외부로 표출되지 못하고 되돌아온 분노는 결국 자신을 처벌하는 방식으로 나타날 수밖에 없다. 이것은 균형이 완전히 깨진 관계다. 이 관계에서는 진정한 주고받음을 찾아볼 수 없다.

우리는 모두 스스로의 정신건강을 위해서 죄책감과 뉘우침의 차이를 반드시 알아야 한다.

우리는 모두 때때로 실수를 하고, 의도적인 행동이든 부주의한 행동이든 남에게 피해를 주며 살아가게 된다. 그런 일이 벌어지고 나면, 우리는 반드시 자신의 부주의와 잘못을 깨달아야 한다. 마음이 어두워지고 양심의 가책을 느끼는 것은 사람으로서는 아주 자연스러운 일이다. 상대방 입장에 깊이 공감하며 뉘우치는 마음을 갖는 것은 스스로 더 나은 사람으로 성장하고 연민의 감정을 성숙시키는 계기가 된다.

그러나 뉘우침은 죄책감과 다르다. 뉘우침은 자신이 처한 현실을 인식하고 잘못된 행동을 바로잡고 다시 미래를 향해 전진하게 한다. 사람이 오랜 시간 동안이나 뉘우쳐야 하는 경우는 없다. 또한 뉘우침 속에서 스스로를 탓하며 하염없이 헤매지도 않는다. 상황을 바로잡고 회복시키는 노력을 거부하기 위해, 또는 상대방에게 진심으로 사과하지 않기 위해 뉘우침을 악용하는 경우도 없다.

그러나 죄책감은 다르다. 죄책감에 사로잡힌 사람은 그 속에 갇혀서 오랜 세월을 보낸다. 그들은 끊임없이 죄의식에 시달리며 스스로 자신을 처벌하는 것이 상대방에게 저지른 잘못을 바로잡고 죗값을 치르는 행동이라고 여긴다. 하지만 그것은 명백하게 잘못된 생각이다. 자신이 스스로를 벌하며 죄의식 속에서 수년간 신음한다 해도 결과는 아무것도 달라지지 않는다.

죄책감은 자신이 사악하고, 무능하고, 하찮은 존재라는 생각을 강하게 만든다. 그리고 실수를 통해 더 나은 사람으로 성장할 권리를 빼앗고, 새롭고 건전하고 달라진 행동을 다시금 현실에서 실천하지 못하도록 만든다. 누구나 저지를 수 있는 실수는 큰 문제가 되지 않는다. 진짜 문제는 그 일을 통해 무엇을 배울 것인가, 어떻게 성장할 것인가, 어떻게 더 나은 행동으로 이 세상에 이바지할 수 있을 것인가 하는 점이다. 죄책감은 이런 성장을 가로막는다. 반면, 뉘우침은 성장의 첫걸음이다.

은영은 경훈과 4년간 사귀고 있다. 그녀는 집세를 거의 혼자 부담해야 했고, 요리와 청소와 온갖 집안일까지도 오롯이 도맡았다. 또 그녀는 경훈에게 거의 아무것도 요구하지 않았고, 경훈도 은영의 부탁을 들어주는 법이 없었다. 그럼에도 은영은 꿋꿋이, 모든 희생을 감수하는 일을 멈추지 않았다.

은영은 이렇게 말한다.

"어느 날이었다. 경훈은 내가 얼마나 자기를 사랑하는지, 얼마나 희생했는지, 또 자신이 얼마나 나에게 상처를 주었는지 깨달았다."

경훈이 자신의 못된 행동을 깨닫게 되기까지는 오랜 시간이 걸리지 않았다. 경훈은 이렇게 말한다.

"은영을 좀 봐. 나는 아무리 해도 그녀를 행복하게 해줄 수 없다. 그녀에게 고통만 줄 뿐이다. 나는 시시한 망나니일 뿐인데도 그녀는 나에게 너무나 잘 해준다. 나는 의무감을 느낀다. 절대로 그녀를 떠날 수 없다."

3-4.

치유와 용서는 가족으로부터

아이러니하게도 가장 흔히 화가 분출되는 공간은 바로 가정이다. 또한 분노의 원인이 시작되는 곳이기도 하다. 사람들은 보통 함께 사는 사람들에게 얽매이고 의존하며 자신의 가장 약한 부분을 보일 수밖에 없다. 가족이야말로 우리의 마음과 감정에 깊이 영향을 미친다. 이런 관계 속에서 우리의 방어기제는 점점 약해지는 반면, 그들에 대한 기대와 요구는 오히려 커져만 가는 게 현실이다.

우리 안에는 '부모, 형제자매, 자녀는 마땅히 이러해야 한다'는 강한 상징이 자리하고 있다. 우리는 가족에게서는 당연히 관심과 사랑을 받을 권리가 있다고 생각한다. 가족 중 부모는 자신이 자녀를 어떻게 대하든 간에, 그들은 무조건 자신을 존중하고 자신의 뜻에 따라야 한다고 생각한다. 그들이 생각하기에, 그것은 자녀로서 당연히 수행해야 할 역할이기 때문이다. 가족 중 자녀는 자신의 부모가 부모 역할에 걸맞은 행동을 해주기를 요구한다.

한편, 대부분의 사람은 서로 사랑하고 아끼며 어떤 잘못도 기꺼이 수용할 수 있는 '행복한 가정'에 대한 막연한 환상을 가지고 있다. 그러나 안타깝게도 이런 환상은 거의 깨어지기 마련이다. '행복한 가정'이라는 통념의 대부분이 머릿속에서 이루어진 상상으로 존재하기 때문이다.

오히려 가정은 가족들 간의 오해와 원한, 형제자매 간의 경쟁과 질투, 억지스러운 기대와 요구, 의견 충돌 등이 가득한 하나의 집단에 불과한 경우가 많다. 그럼에도 불구하고 가정은 많은 일을 함께 헤쳐나가며 서로의 개성을 인정하고 자신과 상대방을 존중하는 법을 배우며, 성장과 사랑을 경험할 수 있는 가장 좋은 요람이기도 하다.

대부분의 가족 사이에서 분노와 갈등이 발생하는 주된 원인은 구성원들 모두가 서로에게 상호의존적으로 자신의 정체성을 형성하기 때문이다. 가족 구성원들은 인식하든 못하든 간에 각각 서로의 모습을 반영하고 있다. 부모는 자녀에게서 자신의 모습 일부를 발견한다. 흔히 부모는 자신이 살아가며 가지게 된 삶의 두려움을 자녀에게 투사하거나 자기 인생의 실패와 낙담을 자녀가 대신 충족시켜주기를 바란다. 이러한 과정에서 가족 구성원들은 자연스럽게 서로 동질감을 가지고, 상대방도 자신과 비슷한 생활 또는 일에서 기쁨을 느낄 것이라 지레 짐작한다. 그러나 이것은 심각한 오해에 불과하다. 이러한 기대는 머지않아 큰 고통을 초래한다. 대부분의 사람들이 '완벽한 가족'이란 모든 구성원이 똑같은 취향을 가지고, 부모가 자녀에게 본보기를 보이며 방향을 제시해 주는 가족이라고 일방적으로 상정한다.

　그런데 가족 사이에서는 서로가 각자의 개성을 형성해 가는 과정이 반드시 일어나게 되어 있다. 수년간 부부가 함께 생활하거나 아이를 함께 키워내는 동안, 구성원들은 각자 사랑하는 사람들과 자신 간에는 차이점이 존재하며 그로 인해 분리감을 느낀다.

　하지만 어떤 사람들은 이 같은 과정을 견디지 못한다. 그들은 자신과 다른 가족 사이에서 차이점이 발견될 때마다 자신이 그들로부터 소외되거나 심지어 거부당했다고 느낀다. 그들은 가장 중요한 사실 하나를 간과하고 있다. 그들은 가족 구성원 각자가 자신의 본모습(충만한 개성)을 표현하기 전까지는 진정으로 서로를 사랑할 수 없다는 사실을 모른다. 많은 젊은이들이 가족이 자신에게 거는 강한 기대와 가치관마저 무너뜨리고 새로운 자신만의 정체성을 형성해 가는 모습은 이런 사실을 뚜렷하게 증명한다. 젊은이들뿐만 아니라, 모든 연령층의 사람들이 진정한 자기 모습을 가족이 그대로 인정해 주고 관심을 기울여 주기를 진심으로 갈망한다. 그것이야말로 진정한 가족 사랑이기 때문이다.

　가족에서 성장하여 어느덧 성인이 된 사람은 더 큰 세상으로 나가 새로운 집단의 구성원이 된다. 이 집단은 종종 새로운 가족처럼 느껴지기도 하는데, 그들은 그 새로운 집단 안에서 가족들 속에서 해왔던 행동 패턴을 무의식적이고 반사적으로 반복한다. 그들은 기존에 자신의 가족에게서 충족하지 못한 욕구를 새로운 집단에서 충족하고자 노력한다. 만약 어릴 때부터 많은 강요에 시달려 온 사람들이라면, 다시 그런 처지에 빠질까 봐 지레 자신이 맡은 책임을 거절할 것이다. 그들은 정당한 요청임에도 불구하고 외면하거나 다른 사람에게 그것을 떠넘긴다. 가족을 벗어나 다른 상대와 사랑에 빠진 사람들은 부모에게서 본모습을 그대로 답습하거나, 오히려 그와 정반대로 행동하기도 한다. 이처럼 가족은 가족 구성원이 성인이 된 이후에도 다양한 방식으로 그들의 삶에 막대한 영향력을 행사한다.

갈등, 부담감, 충족되지 못한 욕구 등은 기본적으로 가족관계에서 그 원인을 찾을 수 있으므로, 우리는 가족 내에서 그것들을 해결하고자 시도해야 한다. 상처가 있든 없든 간에, 언젠가는 가족과 화해해야 한다. 그것이 바로 치유와 창조의 과정을 시작하는 첫걸음이다.

우리가 먼저 손을 내밀어 가족과 화해하고 나면, 원하고 중요시하는 사람들과 새로운 인간관계를 맺을 수 있다. 태어나면서 가지게 된 가족을 바꿀 수는 없지만, 자신의 개성과 소망을 인정하고 받아들여 줄 중요한 인간관계를 창조하거나 미래를 함께할 친구를 선택할 수는 있다. 요컨대 우리의 이상과 요구를 충족시켜 줄 새로운 가족을 우리의 의지로 구성할 수 있다. 여기서 잠깐. 이것은 기존의 가족과 결별하라는 뜻이 아니라, 원래의 가족에게 계속 봉사하고 배우면서 동시에 우리가 원하는 삶을 현실 속에서 실현하기 위해서 끊임없이 앞으로 나아가라는 의미다.

3-5.

당신은 성공을 누릴 자격이 있다

자기 방해란 업무든 인간관계든 어떤 일이 잘되어 갈 때 스스로 나서서 그 일을 그르치게 만드는 것을 말한다. 도무지 이해할 수 없는 현상이지만, 뜻밖에도 이러한 현상은 매우 흔하게 일어난다. 즉 자기 방해는 의식적이든 무의식적이든 자기 자신을 해치는 행위다.

(일부 사람의 경우이기는 하지만) 어떤 이유로 자기 방해를 일으키는지 이해하기는 쉽지 않다. 자기 방해의 함정에 빠진 사람은 자신이 어떻게 상황을 망가뜨렸는지 전혀 깨닫지 못하며, 따라서 그것에서 벗어나지도 못한다. 그들은 잘 진행되던 일이 왜 자꾸만 실패를 당하는지 이해하지 못한다.

실제로 자기 방해는 많은 요소가 작용하여 일어난다. 그중에서도 단연, 성공에 대한 두려움을 가장 큰 원인으로 꼽을 수 있을 것이다. 정작 자기 자신은 잘 깨닫지 못하지만, 실제로 많은 사람이 직장에서의 업무와 인간관계에서 성공을 거둔 자신의 모습을 도저히 받아들이지 못한다. 심지어 어떤 사람들은 자신이 성공할 만한 자격이 없는 사람이라고 생각하기까지 한다. 그들은 아무도 모르게 알 수 없는 죄책감과 수치심을 느끼고, 목표를 달성하거나 경쟁에서 자신이 이기지 못하도록 스스로 훼방을 놓는다.

아주 어릴 때부터 부모와 친구와 교사가 자신을 무시해 온 경우도 있다. 주변 사람들의 신랄한 비난은 당사자의 마음 깊은 곳에 화살처럼 날아와 박혔다. 그러한 후유증은 실로 막대하다. 그들은 그 말을 곧이곧대로 믿고 평생 긍정의 햇살이 닿는 곳들을 피해 다닌다.

한편, 성공을 거두는 것 자체가 매우 위험하다고 생각하는 사람들도 있다. 이들은 자신이 행복과 풍요와 성공을 누릴수록 남들에게서 미움을 받을 것이라고 지레 짐작한다. 이러한 사람들은 항상 다른 사람이 자신의 성공을 질투하고 시기할까 봐 전전긍긍한다. 나아가 이들은 다른 사람들보다 자신이 좋은 것을 누릴 때마다 큰 죄책감을 느낀다.

한편, 실패를 경험함으로써 비정상적인 즐거움을 느끼는 사람들도 있다. 예컨대 어떤 남자는, 가족이 자신을 성공한 가장으로 우러러보는 기쁨을 누리지 못하도록 일부러 실패하는 길을 택한다. 그들은 스스로 실패를 조성함으로써 가족에게 일종의 처벌을 내리고, 가족이 자신의 성공으로 인한 부가가치를 기대할 수조차 없도록 모든 상황을 조작한다.

분노와 좌절을 외부로 표출시키지 못하거나 그런 감정을 품고 있다는 현실 자체를 인정하지 못하는 사람들은, 그 화를 자기 자신에게 표출할 수밖에 없다. 그들은 다양한 방법으로 자기 자신을 괴롭히는데, 그들은 그것이 자기 방해라는 사실을 전혀 깨닫지 못한다.

수동 공격은 인간관계를 너무도 쉽게 파괴해 버린다. 수동 공격은 오히려 가해자를 친절하고 침착하고 건실한 사람처럼 보이게 하는데, 이로 인해 피해자를 불만과 분노에 휩싸인 사악한 사람처럼 보이게 만든다.

수동 공격을 가하는 사람은 자신의 감정과 분노를 외부로 적절히 표출하는 게 아니라 '하지 않음'이라는 교묘한 방법을 써서 드러내곤 한다. 그들은 중요한 시기에 자리를 비우거나, 남의 권리를 인정하지 않거나, 요청받은 일을 미루다가 뒤늦게 끝마치곤 한다.

수동 공격을 일삼는 남편도 있는데, 그는 아내의 부탁을 못 들은 것처럼 연기하거나, 그 부탁의 의미가 사라진 뒤에야 기다렸다는 듯이 나선다. 그러니 아내의 입장에서는 간곡하게 당부하거나 귀찮을 정도로 잔소리를 하는 수밖에 없다. 그러나 남편은 자신의 아내가 항상 자신을 닦달하고 채근하기 때문에 그 일을 제대로 하지 못했다며 오히려 아내의 탓으로 실패의 원인을 돌릴 것이다. 그는 어리석게도 아내에게 적절한 반응을 보이지 않음으로써 아내를 힘들게 했다는 사실을 깨닫지 못한다.

수동 공격은 상대방뿐만 아니라 자기 자신에게도 해악을 끼치는 심각한 자기 방해 행동이다. 그들은 뻔뻔하게도 자신에게는 아무 책임도 없다고 믿으며, 모든 실패의 결과는 오직 상대방 때문에 벌어진 일이라고 위안한다. 그러나 수동 공격을 통해, 자기 행동과 감정에 대한 책임을 회피함으로써 모든 실패를 불러오는 사람은 바로 자기 자신이다.

한편, 중독은 우리의 삶을 송두리째 파괴하는 데 결정적인 역할을 한다. 알코올, 마약, 도박, 일, 성(性), 사랑 등 대상이 무엇이든, 중독은 정상적이고 성실한 건강과 기쁨과 성공을 파괴한다는 사실에는 변함이 없다. 중독자는 대상에 대한 집착을 스스로 통제할 수 없을 뿐만 아니라 삶의 전반적인 방향까지도 잃어버리고 탐닉의 숲을 헤맨다. 중독자는 자신의 모든 생각과 에너지와 시간과 돈을 중독물질을 갈망하고 충족하는 일에 소모한다. 그들은 중독에 깊이 빠져 탐닉으로 인해 현실의 다양한 모습을 발견할 수도, 충만하고 건강하게 삶을 꾸려 나갈 수도 없다.

일반적으로 사람들이 중독에 빠지는 이유를 한두 가지로 말할 수는 없다. 그러나 중독은 현실의 삶에서 도망쳐 나와 어두운 내면의 즐거움을 찾는 일에서 시작되는 듯 보인다. 그들은 자신의 뜻대로 되지 않는 문제에서 도피할 수 있는 세계(중독물질) 속으로 빨려 들어간다.

그러나 쾌락은 짧고 고통은 길다. 중독은 처음에는 세상 전부를 얻은 듯한 기쁨을 선사하지만, 곧 자신의 모든 것을 빼앗아간다. 현실 속에서 맞닥뜨리며 진정한 해결책을 찾는 대신 중독에 빠지는 것은, 사악한 악마의 손아귀에 자신을 내맡기는 행위와 다르지 않음을 잊지 말아야 한다.

3-6.

자신에게 관대하라

현대사회에 있어 사람들 사이에서 가장 많이 사용되는 단어가 무엇일까? 단언컨대 '스트레스'라는 단어일 것이다.

일반적으로 사람들마다 스트레스를 받아들이는 상황은 여러 가지이지만 본질은 하나다. 대부분의 사람들이 자신이 처한 현실을 조절할 수 있는 권한과 능력을 스스로가 갖고 있지 않다고 인식할 때 스트레스를 경험한다. 즉 자신이 상황을 조절할 수 없다는 인식이 바로 스트레스이다. 이렇게 스트레스를 받게 되는 상황을 두고 '통제 소재가 외부에 있다'라고 한다. 사장이 밤을 하얗게 지새며 일하고 받는 스트레스와 말단 직원이 상사의 지시 때문에 어쩔 수 없이 밤새 일할 때 느끼는 스트레스는 완연히 다르다. 사장은 자기 의지대로 일을 조절할 수 있지만, 정반대로 말단 직원은 자신에겐 그럴 권한이 없다고 자각하기 때문이다.

그렇다면 이처럼 대부분의 사람들이 받는 스트레스는 어떻게 다스려야 할까? 방법은 의외로 간단하다. 정상의 기준을 바꾸는 것이다. 스트레스를 없애야 한다고 생각하지 말고, 스트레스도 인생의 한 부분으로 받아들여야 한다. 벗어날 수도 없고 자신의 힘으로 해결할 수 없다고 인식하기 때문에 겪는 것이 스트레스인데, 그것에서 벗어나겠다고 발버둥치면 힘만 빠지고 더 괴로워진다. 통제 소재가 자신에게 있지 않기 때문에 스트레스를 받는 것인데 그걸 해결해 보겠다고 애를 쓰며 덤벼들면 오히려 탈이 난다.

사는 동안 인간은 누구나 고통을 느낄 때가 있다. 이 세상에 자신만큼 고통을 겪는 사람은 없을 거라고 믿으면 스트레스는 더 쌓인다. 삶의 고통은 누구에게나, 그리고 공평하게 찾아온다고 인식하고자 노력을 하자. 그렇게 하면 스트레스 속에서도 굳건하게 버텨낼 수 있다.

한편, 스트레스를 받는다고 해서 스스로를 자책하지 않아야 한다. '내가 못난 사람이라서 스트레스받는 건가?'라는 의심을 마음속에 품으면 안 된다. 스트레스는 자신이 누구든 아무 상관 없이 찾아온다. 자신이 평생을 착하게 살아도 암에 걸리고, 운전에 능숙해도 자신의 의도와는 상관없이 교통사고를 겪기도 하며, 자신이 아무리 일 잘하고 성실해도 심술궂은 상사를 만나면 직장생활은 고통스러울 수밖에 없다. 이처럼 스트레스가 심하다면, 그럴수록 자신에게 너그러워야 한다. '그래, 오늘 하루도 잘 견디고 있어'라며 자기를 다독여 보자.

당신의 내면에 존재하던 능력과 자존감은 여러 조각으로 쪼개져 비난받은 사람들의 손에 쥐어져 있다. 그것을 되돌려받아야 한다. 남을 비난했던 상황으로 되돌아가 자신의 역할이 무엇이었는지 철저히 살펴보라. 다르게 대처할 만한 여지는 정말 없었는가? 자신을 비난하라는 말이 아니다. 단지 그 일을 철저하게 파헤쳐 보라는 뜻이다.

자신의 삶에서 벌어진 일에 대해 책임감을 갖는 것은 누구나 할 수 있는 가장 강력한 권리 주장이다. 책임감을 회복한 사람들은 이렇게 말할 수 있다.

"나는 그때 그 결과에 걸맞은 역할을 담당하고 있었고, 또한 지금은 삶에서 또 다른 역할을 맡고 있다."

책임감responsibility은 대처 능력response-ability으로 읽을 수도 있다는 사실을 기억하라. 대처 능력은 무조건적인 반응과는 다르다.

혹시 당신의 비난 때문에 상대방이 어떤 곤란함을 겪지는 않았는가? 화를 자신의 내면 밖으로 떠나보내는 것은 곧 연민을 키우는 일이다. 자신과 마찬가지로 타인에게도, 실수란 자연스럽고 필연적인 삶의 한 요소라는 사실을 받아들여라. 실수 그 자체에는 자신이나 다른 사람에게 끔찍한 잘못이 있다는 의미가 조금도 들어 있지 않다.

4장.

결국
감정이 문제이다

4-1.

거울을 보듯 상대방을 대한다

다른 사람을 바라보는 것은 동시에 자기 자신을 바라보는 행위이기도 하다. 우리는 우리가 다른 사람을 대하는 똑같은 태도로 우리를 평가해 줄 사람을 반드시 만나게 된다.

우리는 다른 사람을 평가할 때 무의식중에 자신에 대한 판단을 투사한다. 그러고 보면 우리가 맺고 있는 인간관계는 거울을 보는 것과도 같다. 사람들에게 다가가고, 그들을 평가하고, 그들에게 집중하는 과정 속에는, 바로 자기 자신을 바라보는 방식이 그대로 반영된다. 그러므로 다른 사람의 어떤 특징을 용납할 수 없다는 말에는, 자기 자신의 삶에서도 그런 점을 받아들이지 않고 있다는 의미가 담겨 있다.

자신에 대한, 또 상대방에 대한 인식은 필연적으로 그에 적합한 결과를 낳는다. 인식 과정을 통해 누구와 인간관계를 맺을 것인가 하는 문제뿐만 아니라 앞으로 관계를 어떤 형식으로 맺어 나갈 것인지도 결정된다. 다른 사람의 내면에서 어떤 특징을 발견하는 것은 동시에 바로 자신의 내면에서 그와 같은 점을 *끄*집어 내는 일이기 때문이다.

주의 깊게 상대를 바라보는 일은 더 자주 일어난다. 다른 사람의 단점을 찾으려 하면 할수록, 그것은 점점 더 눈에 많이 띌 것이다.

부정적인 측면에 주목하려는 인식은 반드시 그 인식자의 내면에서 역효과를 일으킨다. 다른 사람을 극단적으로 비판하려는 태도는 편집증으로까지 발전할 수 있다. 그렇게 되면 매순간 마주하는 모든 사람이 전부 적으로 보인다. 실제로 편집증에 걸린 사람은 자기 내면의 분노와 불만을 다른 사람들에게 그대로 투사하고 그들을 공격한다. 그들은 다른 사람의 단점을 꼬집어내고 비난함으로써, 자기 자신의 내면의 음울한 부분은 바로 자신의 책임이라는 당연한 진리를 회피한다.

그들의 정신은 온통 다른 사람을 평가(수용 또는 거부)하거나 다른 사람과의 분리를 만들어내는 일에 사로잡혀 있는 것처럼 보인다. 특히 다른 인종, 국가, 종교, 문화에 속해 있는 사람을 만날 때, 우리는 자기 자신의 판단 능력을 전격적으로 가동한다. 물론 익숙하고 친밀한 사람들과 어울리고 싶은 것은 사람이라면 지극히 당연한 마음이다. 우리는 자신도 모르게, 같은 영역에서 살아가며 상대방의 마음을 단박에 이해할 수 있는 사람들 속에서 친숙함과 안정감을 느끼게 된다. 반면 행동, 외모, 옷차림, 언어가 다른 사람이 등장할 때는, 그 즉시 상대방을 판단하려는 방어기제가 작동되고 우리는 무의식적으로 주변에 두터운 장벽을 세운다.

우리는 다양한 편견, 인종주의, 박해를 만들어낸 이 반사적이고 치명적인 현상을 깊이 고려하며 주의 깊게 살펴봐야 한다. 이유 여하를 막론하고 다른 사람을 차단하는 마음은 만남, 성장, 사랑이라는 아름다운 가능성의 땅을 도려내는 행위다.

우리는 자기 스스로 다른 사람을 비판하고 평가하는 일에 골몰하면서도, '나도 똑같이 평가받지 않을까' 하는 두려움을 가지고 있다. 우리는 평가받는다는 두려움에 상당히 예민해지고 방어적인 자세가 되어 자신의 깊은 내면과 주변 상황을 솔직하게 표현하지 못한다. 그리고 자신이 다른 사람들을 비판하고 평가한 것처럼, 그들도 우리를 똑같은 잣대로 평가하고 있을 거라는 생각에 빠져들곤 한다.

이런 부정적인 생각들은 건강하고 행복한 삶에 필수적이고 중요한 요건 중 하나인 자연스러운 자기표현을 억제하는 역할을 한다. 평가받기를 두려워하다 보니, 진솔한 감정을 자발적으로 표현할 수 없고, 정체되고 억압된 감정들이 결국엔 온갖 증상으로 왜곡되어 나타날 수밖에 없다. 이렇듯 진솔한 자기표현을 억압하다 보면, 종국에는 내적인 흐름과 접촉할 수 없게 되어 자신이 낯설게 느껴지게 된다. 우리는 투명한 벽에 둘러싸여 견고한 감옥에서 살아가게 될 것이다.

은영은 누구를 만나든 간에 상대방의 단점부터 찾아내려는 버릇이 있었다. 첫인사가 끝나자마자 이리저리 훑어보고는 옷에 얼룩이 묻었다고 지적해내는 식이었다. 어느 학교에 다녔느냐, 결혼은 했느냐, 직업이 뭐냐 등. 그녀는 항상 상대방에게 예민한 질문을 던지는 것으로 대화를 시작했다. 은영은 이렇게 말한다.

"내 앞에 있는 사람이 어떤 사람인지 궁금할 뿐이야. 나는 겉모습만 보고 사람을 평가하지 않아. 그러면 안 된다는 걸 이미 오래전에 배웠지."

은영은 남을 너무 믿는 것은 이용당하기 딱 좋은 어리석은 태도라고 확신하고 있었다. 그녀는 상처받지 않기 위해 방어막으로 철저히 자신을 감싸고 있었다.

사실, 다른 사람을 평가하는 그녀의 태도에는 또 다른 목적이 숨어 있다. 은영은 다른 사람을 평가함으로써 자신의 가치를 측정한다. 그녀는 기본적으로 경쟁적인 성격을 지니고 있었으며 다른 사람은 전부 적이라고 생각했다. 다른 사람에게서 단점을 찾아낼 때마다 그녀의 자존심은 높아졌고, 자신이 서로 간의 관계를 좌우할 수 있는 위치를 선점하고 있다는 확신을 얻었다. 은영은 다른 사람을 평가한 것과 똑같이 자신도 평가받는다는 사실을 깨닫지 못했다.

자만심보다 자부심을

일반적으로 사람들은 남보다 우월해지고자 하는 욕구를 지니고 태어난다. 우리는 살아가면서 끊임없이 자신을 다른 사람들과 수시로 비교하고, 사는 동안 맞닥뜨리는 모든 경쟁에서 승리해야만 한다고 생각한다. 그러나 그 모든 것들이 바로 상대방과 자기 자신에 대한 일종의 분노의 표현이라는 사실은 좀처럼 깨닫지 못한다. 우리는 자신이 승리해야 한다는 생각에 골몰한 나머지, 다른 사람들을 통제하고, 억압하고, 선동하고, 속임으로써 그들이 실패하고 낙담하도록 유도한다. 또 때로는 다른 사람들이 겪는 고난과 손해를 은근히 즐기기도 한다.

많은 사람이 거물급 고위층 인사의 은밀한 사생활을 물고 늘어지고, 그에 대한 험담과 비방에 열중하는 이유는 그 때문이다. 한 유명인이 그동안 자신을 버티게 해주었던 모든 사회적 기반을 잃고 괴로움을 겪으면 다른 사람들은 알 수 없는 즐거움을 느낀다. 그 사람이 자신보다 별로 잘나 보이지 않기 때문이다. 이처럼 다른 사람의 고통에서 즐거움을 느끼는 사람들은 끝없이 자기 자신을 남과 비교함으로써 낮은 지위에서 벗어나고자 한다.

예컨대 자기보다 우월한 위치에 있는 사람과는 어떤 인간관계도 맺지 못하는 사람들이 있다. 그들은 자기보다 상대적으로 열등한 위치에 있는 사람들로 주변을 채우고, 실제로도 사람들을 함부로 대한다.

반면 자신보다 우월한 위치에 있는 사람에게 접근하여 교묘하게 또는 드러내 놓고 상대방을 끌어내리려는 사람들이 있다. 또 어떤 사람들은 외부의 힘을 빌려 자신의 욕망을 드러내는 경우도 있다. 그들은 최고의 팀에 팀원으로 소속되어 활동하며 다른 팀을 통쾌하게 물리치는 데서 즐거움을 얻는다.

이런 사람들은 자기 자신을 믿지 못하고 각자의 고유한 매력과 재능을 발견하거나 공유하지 못한다. 이들은 알 수 없는 불안감과 불신감 속에서 삶을 부정적으로만 바라본다. 이런 비뚤어진 방식으로 자신만의 자존심을 충족해 온 사람들은 신경질적이고, 초조하고, 긴장한 상태로 자신의 우월감을 계속해서 지속할 방법만을 쫓아다닌다. 이들로 인해 모든 인간관계는 곧 전쟁터가 되어 버린다. 거기에는 어떤 만족이나 평화도 없다.

한편, 자신이 다른 사람들보다 우월하고 우위에 있으며, 누구도 감히 넘볼 수 없는 매력과 재능과 해답을 갖고 있으며, 나만이 바로 세상을 지배할 만한 사람이라고 여기는 것이 자만심이다. 다른 사람들은 마땅히 나를 존경하고 우러러보아야 하며, 나와 함께 이 세상을 살아간다는 사실에 감사해야 한다. 그러므로 나는 다른 사람들을 함부로 대해도 괜찮다.

이 같은 어처구니 없는 착각에서 비롯한 태도는, 폭군과 광신도는 물론, 성직자, 정치가라고 불리는 사람들에게서도 쉽게 발견할수 있는데, 이는 상당히 위험하다. 이러한 태도 뒤에는 자만심에서 우러난 적대심과 파괴적 에너지만이 가득하다는 사실을 곧바로 알아차리지 못하는 경우도 많이 있다.

이처럼 자만심에 젖은 사람은 헛된 망상에 갇혀 다른 사람 앞에서 거드름을 피우고, 다른 사람의 가치를 무시함으로써 다양한 기회, 가능성, 통찰, 인간관계를 스스로 망가뜨린다. 이뿐만이 아니다. 자만심은 행복의 진정한 원천에서 스스로를 멀어지게 하고, 자신의 참모습을 발견하지 못하게 만든다. 또한 자신과 다른 사람들의 진정한 가치를 삶 속에서 깨달을 수 없도록 만든다.

반면 자부심은 모든 사람과의 관계 속에서 평화와 기쁨, 그리고 만족감을 느낄 수 있게 해준다. 진정한 자부심을 지닌 사람에게는 다른 사람과의 비교, 상대방에 대한 공격, 우월감 등이 필요하지 않다. 대신, 그는 다른 사람들과의 동질성을 느끼고, 나아가 공감대를 형성한다.

자신의 진정한 가치를 느끼고 깨달을 수 있는 사람이라면, 그는 다른 사람의 가치도 발견할 수 있다. 에머슨의 말처럼, 그런 사람은 '정원에 핀 장미꽃은 모두 저마다 특별한 아름다움을 지니고 있다'는 사실을 깨닫는다. 세상의 정원에 활짝 핀 장미꽃들은 서로 비교하지 않는다. 각각의 장미꽃은 그저 피어남으로써, 자신이 타고난 가치를 실현할 뿐이다.

은영은 경쟁심이 지나치게 강해서 젊고 예쁜 여자와는 함께 지내지 못했다. 사무실이든, 사교모임이든, 그런 여자가 눈에 띄기만 하면 은영은 즉시 자신이 시들어 버리는 느낌을 받았다.

"나보다 예쁘다니! 그녀를 빨리 내쫓아야 해. 우리 둘은 같은 공간 안에서 살 수 없어."

은영은 반사적인 반응을 보였다. 그녀는 갖가지 방법으로 상대방을 난처하게 만들었다. 사무실에서는 아주 사소한 잘못까지 지적했고, 상사 앞에서는 험담을 늘어 놓았다. 은영은 상대방이 업무에 필요한 정보와 지원도 받지 못하도록 훼방을 놓았다. 그녀는 자신의 지위가 흔들리고 있고, 아무도 자기 자리를 대신할 수 없으며, 자신의 자존심과 우월감이 위협받고 있다는 두려움에 끊임없이 시달렸다.

4-3.

의심을 벗고 분별력을 갖춰라

사는 동안 우리는 너무나 쉽게 마음속에 의심을 품는다. 이상하게도 우리 마음의 한 구석에서는 상황을 부정적으로 뒤틀어서 암울하고 끔찍한 결과를 상상하도록 만들곤 한다. 놀이공원에 간 아이들이 아찔한 높이의 기구를 타거나 유령의 집을 탐험하면서 스릴을 느끼는 것처럼, 우리 내면에도 이처럼 마음속의 스릴을 느끼려는 심리가 있다. 그것은 우리 안에 최악의 시나리오를 꾸며 내고 그것에 집착하게 하는 마음이다. 어떤 사람들은 마치 롤러코스터에 탄 것처럼 심리적인 변화를 겪으며 살아간다. 다른 이들보다 심리적 반동성이 큰 그들은 하늘에 닿을 듯 높이 떠오르다가 별안간 지하로 곤두박질친다. 그리고 그들의 심리상태가 밑바닥에서 헤맬 때 의심은 본격적으로 작동하게 된다.

의심이 깊어져서 망상 속에 사는 사람은 자신이 어떤 단체나 집단의 비밀스러운 음모의 희생양이라고 여기곤 한다. 그들의 마음은 망상으로 병이 들어 곧 상처와 분노로 채워지고, 그는 어긋난 상황을 되돌리기 위해 나름의 계획을 세운다.

이런 망상이 매우 심각한 경우에 이른 사람은 현실감각이 이미 무너졌기에 급기야 편집증이라는 증상이 나타난다. 편집증 환자는 다른 사람이 자신을 속이고 몰래 사악한 일을 꾸미고 있다는 망상 때문에 주변의 그 누구도 믿지 않는 증세를 보인다.

편집증은 주로 똑똑하고 유능한 사람에게 나타난다. 따라서 그들이 그동안 이런 망상 속에서 살아왔고 자신을 제외한 온 세상 사람들을 불신하고 복수심에 불타고 있다는 사실을 알게 되면 주변 사람들은 대부분 화들짝 놀란다. 그들이 스스로를 보호하고 망상 속 악당들에게 앙갚음을 하기 위해 얼마나 오랫동안 치밀하게 준비해 왔는지 알게 되면 주변 사람들은 경악을 금치 못하게 된다.

편집증 환자는 자신의 망상으로 인해 내면의 두려움과 분노를 다른 사람에게 투사한다. 그들은 다른 사람을 한편으로 두려워하고 다른 한편으로는 공격한다. 그러고는 스스로 복수를 하고 있다고 착각한다.

① 의심과 애정 관계

날로 깊어지는 의심은 연인을 헤어지게 만들기도 한다. 사랑하는 사람끼리는 매우 친밀하기 때문에 상대적으로 서로 단점을 드러낼 수밖에 없다. 따라서 연인은 혹시나 자신의 단점으로 인해 상대방이 떠나 버릴까 봐 걱정한다. 또한 자신에게는 연인을 지키고 관계를 지속시킬 만한 매력이 없다는 두려움과 불안에 시달리는 사람도 많다.

일단 의심이 심각하게 진행이 되면, 그 두려움과 불안은 오히려 상대방에게 투사된다. 의심이 깊어진 당사자는 상대방이 자신을 함부로 대하고, 다른 사람을 자신 몰래 좋아하고 있으며, 자신과 헤어지려 한다고 믿어 버린다. 그런 의심이 심해질수록 파괴적인 결과는 심각할 수밖에 없다.

② 의심과 사회생활

의심이 깊어지면 사회생활에서도 치명적인 문제가 될 수 있다. 극도의 경쟁 속에서 살아가는 사람들은 누군가 자신의 위치를 노리고 자신을 위협한다고 느끼는 경우가 많다. 그들은 사회조직 내에서의 그 누구도 믿지 않고, 조직의 일원으로서 능력을 발휘하기보다는 자기 자리를 지키는 데만 집착한다. 결국 자신이 하루 온종일 일하는 사무실은 무미건조한 곳으로 변해 버린다.

이렇듯 의심이 깊어진 곳에서는 분쟁이 생길 수밖에 없다. 자신을 둘러싼 위험을 사전에 감지하고 인식하는 것과 망상에 가까운 의심에 빠져드는 것은 엄청난 차이가 있다. 인식은 중립적이고 선명한 정보를 제공해 주지만 의심은 신뢰와 선의를 파괴한다.

4-4.

자존감은 높고 굳건하게

의외로 많은 사람들이 자존감이 낮다는 고민에 시달린다. 어색함, 수줍음, 자신에 대한 불신, 수치심 등 자기 자신에 대한 여러 가지 부정적인 감정은 자존감이 낮은 것으로 비춰지기 때문이다. 낮은 자존감을 화의 한 형태로 해석하는 데에는, 어쩌면 많은 사람들이 의구심을 가질 수도 있다. 낮은 자존감은 다른 사람과 자신 사이에서 비교, 실패 경험, 많은 비판과 질책 등을 통해 얻어진 지극히 '현실적인' 자기 자신에 대한 평가처럼 여겨지기 때문이다. 혹은 낮은 자존감을 겸손함의 표현이라고 생각하는 사람들도 있다. 그러나 엄연하게 그 둘의 관점은 다르다. 자기 자신에 대한 진정한 겸손은 건강하고 활기 넘치지만, 낮은 자존감은 그렇지 않다.

조금만 주의 깊게 스스로를 들여다보면, 자기 자신을 마치 타인을 대할 때처럼 대우한다는 사실을 알 수 있다. 우리는 때때로 자신에게 관대할 수도, 혹은 가혹할 수도 있다. 또는 칭찬하거나 헐뜯을 수도 있다. 그도 아니면 아예 자신을 어둠 속에 방치하거나 부정적인 생각으로 괴롭힐 수도 있다. 반면 어떤 사람들은 스스로를 격려하거나 달랠 수도 있으며, 긍정적인 태도로 자신을 치유하는 방법을 찾아헤맬 수도 있다. 이러한 모든 선택지는 오로지 자신의 의지에 달렸다.

우리의 내면 중 일부분은 스스로의 행동, 생각, 희망을 지켜보고, 타인을 대할 때처럼 가차없이 판단한다. 이 과정에서 우리의 정체성, 가치, 할 수 있는 것과 할 수 없는 것이 결정된다. 우리 내면의 관찰자는 폭군이 될 수도 있다. 그것은 어두운 관점에서 스스로에 대한 해석을 시도하고, 책망하고, 불평하고, 흠을 찾아내는 일을 즐기곤 한다. 이런 경우에 해당하는 사람은, 다른 사람에게는 항상 부드럽고 상냥한 태도를 보이지만, 정작 자신에게는 그렇지 못한 경우가 많다.

이렇듯 스스로에게 가장 위험한 적이 되는 경우에는 그 손아귀를 벗어나기가 매우 힘들다. 위대한 신학자 폴 틸리히는 "우리는 자신을 파괴하고자 하는 힘 아래에서 살아간다"고 말했다. 여기서 말하는 힘은 바로 낮은 자존감을 초래하는 우리의 일부분(관찰자)을 뜻한다.

낮은 자존감은 의외로 매우 다양한 방식으로 우리의 삶과 행동에 영향을 미친다. 일반적으로 자신에 대한 자존감이 낮은 사람들은 지나치게 순종적인 성격을 갖기 쉽다. 그들은 자신이 현재 가지고 있는 생각, 희망, 꿈이 무의미하다고 생각하고 스스로를 너무도 쉽게, 가치 없는 존재라고 여긴다. 그러고는 자기 자신이 아닌, 권력, 권위, 통제력을 갖춘 사람을 찾아 그의 추종자처럼 행동한다. 안타깝게도 그들은 이렇게 자신의 진정한 실체와 능력, 재능에서 멀어진다.

그들은 대체적으로 자신이 상대방에게 순종적으로 행동하지 않으면 인간관계를 잃게 될까 두려워한다. 그러나 이러한 관계 속에서 정작 자신을 잃고 있다는 사실을 깨닫지 못한다. 그들은 스스로에게 의존적인 성격을 갖도록 유도하고 외부에서 힘과 지혜를 주입받고자 한다. 그러나 그들이 의존하는 대상은 대부분이 그들에게서 이득을 챙기려고 할 뿐이며, 오히려 그들의 낮은 자존감을 부채질한다.

낮은 자존감은 더 나아가 깊은 절망감을 키운다. 절망감은 낮은 자존감의 파생물이다. 자신의 인생, 또는 이 세상에 대해서 절망했다는 사실은, 자신에게는 자신의 삶에 대해 일정한 변화를 일으킬 만한 힘이 없다는 무력감의 다른 표현에 불과하다. 스스로에 대해 무력감을 느끼고 절망에 빠지는 이유는 그들이 용기와 방향성, 삶의 의미를 갖추지 못하고 있기 때문이다.

그들은 자기 자신에 대한 확신과 신념을 과소평가하기 일쑤이다. 다른 사람들의 비위를 맞추기 위해 오랜 세월 스스로를 진정한 자신과는 전혀 다른 형태로 왜곡시켜 왔기 때문에, 자신의 순수한 가치와도 접촉하지 못했다. 또한 그들은 세상의 모든 만물은 함께 나눌 만한 가치를 지니고 있다는 사실을 망각하고 있다. 이렇듯, 낮은 자존감은 자신을 공격하고 무너뜨린다.

거짓말 없는 삶이 주는 풍요로움

대부분의 사람들이 받는 마음속의 상처와 고통은 배신감에서 비롯된다. 배신의 경험은 인간관계의 기본 바탕을 파헤칠 뿐만 아니라 자기 자신조차도 믿지 못하는 원인이 되기도 한다. 우리는 성숙하거나 똑똑하지 못해 다른 사람에게 속았다는 고통으로 먼저 자신을 비난한다.

스스로에 대한 것이든 타인에 대한 것이든, 기만은 신뢰라는 삶의 토대를 망가뜨린다. 가족과 배우자 또는 직장과 학교의 지인 등 자신이 믿었던 사람에게 배신을 당하게 되면, 우리는 배신을 저지른 상대방뿐만 아니라 그와 관련된 모든 사람을 더 이상 믿지 못하게 된다. 나아가 우리는 그 상대방뿐만 아니라 단체에 속한 구성원 전부가 거짓말을 하고 있다고 단정한다. 배신당한 이후, 그 단체에서는 더 이상 좋은 점이 발견되지 않는다.

이렇듯 누군가를 기만하는 행위는 상대방에게 쓰디쓴 괴로움을 안겨 줄 뿐만 아니라 그 사람의 삶의 의미를 빼앗고 살아갈 의욕마

저 꺾어 버린다. 일단 한번 신뢰의 마음을 짓밟힌 사람은 다시는 그런 일이 반복되지 않기를 바란다. 따라서 무엇을, 또 누구를 믿어야 할지 혼란스러운 처지에 놓일 수밖에 없다.

기만은 본래의 모습을 감추고 여러 가지 다양한 모습으로 사람들 앞에 나타난다. 우리가 익히 알고 있듯, 사기는 가장 흔하면서도 위험한 기만 행위다. 현대사회를 살아가는 대부분의 사람은 사기꾼으로부터 사기당하지 않기 위해 늘 조심한다. 그런데 우리 모두가 한 번쯤 해본 적이 있고 또 한 번쯤 속아 본 적도 있는 또 다른 형태의 기만이 있다. 그것은 바로 우리 주위에서도 흔하게 볼 수 있는 '사소한 거짓말'이라 불리는 행위이다. 위험하기는 사기와 마찬가지지만, 그런데도 사람들은 이것을 사기만큼 심각하게 여기지 않는다. 너무나 당연한 듯이 일상 속에서 우리는 작은 거짓말을 하고, 자신이 처한 현실을 과장하고, 상대방에게 그럴듯한 이야기를 꾸며내기도 한다.

뿐만 아니라 내기, 속임수, 지키지 못할 약속 등도 역시나 다른 사람을 기만하는 행위다. 한편, 우리는 공적인 장소에서도 제대로 인식하지 못한 채로 다른 사람의 신뢰를 곧잘 파괴한다. 흔히 내기를 할 때 우리는 작은 속임수를 쓰고 있는 자신의 모습을 자각하지 못한다. 그러나 그것이 인간관계에서 혼란을 일으키고 삶의 균형을 해치는 행위라는 사실에는 변함이 없다. 만약 이런 형태의 기만을 견제받지 않는다면 그것은 서서히 몸에 배고 축적될 것이다. 결국 습관이 되어 버린 기만은 삶을 마비시키고, 한 개인에게 있어 건강과 성공을 누릴 수 없게 만든다.

① 위선

일반적으로 위선적인 사람의 특징은 말과 행동이 다른 점이다. 그는 자신의 본모습을 교묘하게 또 다른 가면 속에 감춘다. 옷차림새, 행동, 말투와 뛰어난 화술로 상대방을 비롯해 자기 자신까지도 교묘하게 속인다. 위선자 중 일부는 자신이 꾸며낸 가짜 인격 속에서 완전히 길을 잃은 나머지 진짜 자기 모습도 기억하지 못한다. 또한 위선이 극에 달하게 되면 모든 일에 무조건 반대하는 반사회적인 행동으로 나타나기도 한다. 이런 반사회적인 사람들은 겉으로 다른 사람의 눈을 속임으로써 자기 자신의 욕구와 소망을 부정하게 실현하고자 한다. 때로 그들은 자신에게 걸맞지 않은 명예, 환호, 부(富)를 원하며, 다른 사람들을 통해 자신이 영웅으로 추앙받고자 한다. 그러나 영웅이 되는 방법은 갖추지 못했기에, 스스로 그러한 능력을 갖추기보다는 다른 사람에게서 그 같은 능력을 훔쳐내는 방식을 택한다. 위선자를 조심하라. 또한 자신이 위선자가 되지 않도록 주의하라.

② 거짓말

우리는 평소에도 자신과 다른 사람들에게 많은 크고 작은 거짓말을 한다. 자신이 거짓말을 했다는 사실을 인정하는 것이 무엇보다 중요하다. 왜냐하면 우리는 거짓말로 인해 자신의 본모습, 존재의 이유, 인생의 의미와 즐거움을 찾는 정당한 방법을 서서히 잃어가기 때문이다. 거짓말을 하는 것은 스스로를 자신이 만든 환상 속에 가두는 것과도 같다. 때로 우리는 방향 감각을 잃고 지금 이 순간에 처한 현실을 바로 보지 못할 때가 있다. 진실을 제대로 대면하지 못하면 거짓말과 기만 행위가 늘어난다. 오히려 거짓으로 만든 상황이 실제인 것처럼 보이고, 우리 자신과 상대방 모두는 점점 더 큰 위험에 노출된다.

거짓말은 단지 진실을 말하지 않는 것뿐만이 아니다. 과장되고 혼란스럽고 이중적인(암시적인) 대화법도 넓은 의미의 거짓말에 포함될 수 있다. 또한 무언의 표현, 즉 상대방에게 감정을 전달할 수 있는 특정한 행동들도 넓게는 거짓말에 포함된다. 입을 꾹 다물고 대화를 거부하는 거부의 몸짓도 거짓말에 포함될 수 있다. 그것이 어떤 형식을 지녔든, 자신의 본모습을 억누르는 것은 어떤 식으로든 상대방을 속이는 짓이다.

그 밖에도 일을 축소하거나, 일부분을 빼놓거나, 발뺌을 하거나, 없는 것을 있는 척 꾸며대는 것 역시도 모두 거짓말의 일종이다. 종종 우리는 자기 자신에게도 거짓말을 한다.

눈앞에 펼쳐진 현실을 있는 그대로 응시하고 받아들이려면 큰 용기와 정신력이 뒷받침되어야 한다. 그런 힘을 기를 때 거짓말을 해야 할 이유는 사라진다.

③ 도둑질

도둑질도 우리 주위에서 흔히 볼 수 있는 기만 행위 중 하나다. 다른 사람의 물건을 함부로 또는 몰래 취하는 일은 타인에 대한 직접적인 형태의 기만 행위이자 공격 행위다. 그것은 무방비 상태에 있는 상대방을 향한 노골적인 습격이다. 우리는 도둑질이 단지 어떤 사람의 소유물을 빼앗는 행위 그 이상임을 알아야 한다.

도둑질은 넓은 의미에서 상대방의 시간, 에너지, 동정심, 집중력, 인간관계, 친구, 삶에 대한 열정까지 빼앗는 행위다. 이러한 도둑질에는 여러 방식이 있다. 위선 역시, 보이지 않게 상대방에 대한 존경 또는 감탄을 빼앗는 일종의 도둑질이다. 많은 사람이 이런 행위를 하면서도 자신이 도둑질을 하고 있다는 사실을 깨닫지 못하고 있다. 우리는 이런 행위의 실체를 반드시 알고 중단해야만 한다.

4-6.
타인을 지배하거나 통제할 수 없다

우리네 인생은 많은 도전과 가능성, 뜻밖의 상황으로 채워져 있다. 이러한 사실을 고려해 볼 때, 어떤 대상 혹은 다른 사람을 통제하려는 마음은 지극히 자연스러운 욕망처럼 여겨진다. 우리는 자기 자신이 다른 사람이나 외부에서 벌어지는 사건을 마음대로 통제해야만 멋지고 성공적인 삶을 누리게 될 것이라는 환상을 갖고 있다. 그러나 정확히 말해, 진실은 그렇지 않다. 자신의 손아귀에 움켜쥐고, 그것에 매달리고, 사건을 조작하려 애쓸수록, 우리의 삶은 점점 더 통제할 수 없는 지경에 이르게 된다.

자신을 둘러싼 인간관계 속에서 자신의 취약함을 느끼거나 감정이 격해졌거나 큰 갈등과 맞닥뜨렸을 때, 우리는 주위 환경을 통제하고 싶은 욕망을 강하게 느낀다. 통제하고 싶은 욕망은 처음에는 상대방의 사생활을 일일이 알아 내고, 해야 할 것과 하지 말아야 할 것 등을 하나하나 지시하는 일종의 '소유욕'처럼 보인다. 그러나 엄연히 그것은 소유욕과는 다르다. 그러면 그럴수록 통제의 욕망은 더

욱 강하게 분출된다. 통제의 욕구는 '다른 사람들이 나에게 속해 있
다' '나는 그들의 선택 혹은 그들의 인생 자체를 이끌어줄 권리를
갖고 있다' 같은 망상을 동반한다.

통제하고자 하는 관계 속에서 지배자와 피지배자는 결코 자유
롭지도, 편안하지도 않다. 지배자의 위치에 있는 사람은, 상대방에
대한 사랑 또는 더 좋은 결과를 위해 그들을 돕는 거라고 변명할 것
이다. 그러나 통제의 욕구는 오직 두려움과 분노의 표출일 뿐이다.

사랑은 기본적으로 상대방을 존중하고 존경하게 하는 최고의
긍정적인 감정이다. 그리고 사랑은 상대방이 스스로의 힘으로 존재
하면서 변화하고 발전할 수 있도록 기회를 마련한다. 사랑은 상대방
의 인생을 지배하는 것이 아니라 더 높은 층위로 고양하는 것이다.

그런데 어떤 사람들은 오히려 통제받는 상황을 즐긴다. 그들은
권위적이고 집착하는 상대방(지배자)의 모습을 보면서 자신이 그에게
서 보호받고 있다고 느낀다. 하지만 이것은 정말 위험한 착각이다.
한 개인이 다른 개인을 지배하는 관계는 언제나 지배자의 이득, 즉
자신의 안전과 안도감을 도모하기 위해서다.

상대방이 자신의 통제 영역에서 벗어나려 할수록, 통제를 하고
자 하는 욕구가 많이 일어난다. 일단 다른 사람이나 상황을 한번 통
제하게 되면, 마치 권력과 권위를 얻은 듯한 기분을 느끼고, 이 세
상이 자신을 위해 안전하고 고정된 상태로 머무는 것처럼 여겨진다.

그러나 통제가 강화되고 범위가 넓어질 때마다, 통제받는 대상의 고유한 가치가 훼손될 뿐만 아니라 통제하고자 하는 사람의 에너지도 점차 고갈된다.

이렇듯 통제와 지배는 강한 중독성을 지니고 있다. 통제의 욕구는 멈추기가 어렵다. 그것은 자기 자신이 세상에서 가장 유능하고 힘 있는 존재가 된 듯한 느낌을 가져다주기 때문이다. 그 권위적인 느낌에 중독된 사람들은 그 같은 쾌락을 유지하기 위해 점점 더 많은 것을 통제하고 지배하려고 한다. 그들은 자신의 눈에 들어오는 모든 것을 손안에 넣으려는 폭군이 되어 버린다.

그러나 안타깝게도 통제와 소유의 아래에 있는 모든 것은 망가질 수밖에 없다. 머지않아 그들은 자기 자신이 나약함과 애정 결핍에 빠져 있다는 사실을 목도하게 된다. 또한 그들은 자신의 통제력 바깥에 존재하는, 혼란스럽고 무질서한 것처럼 보이는 세계 속에서 길을 잃는다.

통제의 욕구를 부추기는 또 다른 강력한 원인은 다른 사람으로부터 지배받는 것에 대한 두려움이다. 우리는 누구나 타인으로부터 통제받기를 원하지 않을 뿐더러 다른 사람이 내 삶에 대해 일일이 간섭하는 것을 바라지 않는다. 우리는 다른 사람들에게 인정과 지지를 받고 싶어하는 반면에, 그들에게 지배당하게 될까 두려워하며 자유롭고자 한다. 이런 갈등을 해결하는 방법 중 하나가 바로 그들을 먼저 지배해 버리는 것이다. 우리는 다른 사람들을 먼저 지배함으로써 자신은 그들로부터 자유를 얻을 수 있다고 착각한다. 그러나 오히려 그 반대이다. 지배당하는 그 사람들에게 자기 자신이 얽매이고 속박당하게 된다.

안정되고 안전하며 편안한 세상에서 살고 싶다는 욕구는 인간이라면 누구나가 갖고 있다. 인간은 이러한 욕망을 실현하기 위해 어떤 수고로움도 마다하지 않는다. 통제의 욕구 역시 안전에 대한 갈망에서 발현한다. 수많은 고뇌, 불안, 우울도 이런 내적 안정감의 부재에서 그 근원을 찾을 수 있다.

앞에서 열거한 증상들은 우리가 '나'라는 존재의 중심을 제대로 잡지 못할 때 발생한다. 안전에 대한 갈망을 에고ego, 돈, 인간관계, 아름다움, 소유물 등으로 충족시키려고 할 때 인생은 침체의 늪에 빠진다. 그러므로 나를 둘러싼 주변 상황과는 관계없이 늘 한결같은 내적 안정감을 유지하는 일이 절대적으로 중요하다.

당신에게 남보다 우월하다는 생각을 갖게 하는 사람들의 이름을 적어 보라. 그들은 누구인가? 당신은 어떤 점에서 그들보다 훌륭한가?

당신보다 잘났다고 생각되는 사람들의 이름을 적어 보라. 그들은 누구인가? 그들이 어떤 점에서 잘났다고 느끼는가? 당신은 그들과 함께 있을 때 어떻게 행동하는가?

경쟁심 때문에 만나기 꺼려지는 사람들의 이름을 적어 보라. 당신은 왜 그들을 피하는가? 당신은 그들을 어떻게 생각하는가? 그들은 당신을 어떻게 생각할까?

어떤 상황에서든, 우월감이 느껴지는 즉시 그것을 떠나보내고 상대방에게 주목하라. 당신과 상대방의 본모습 사이에 있는 장벽을 발견하라. 당신은 왜 그런 장벽을 세우는가? 아무것도 숨길 필요가 없다. 당신도 훌륭하고 상대방도 훌륭하다.

5장.

나를 찾아가는 여행

5-1.

감정을 들여다보는 것은 중요하다

자기 자신이 현재 무엇을 어떻게 느끼는지 아는 것이 감정 관리에 중요한 생리학적인 근거가 있다. 뇌의 편도체는 급박한 상황에 맞닥뜨렸을 때 투쟁 도피 반응(긴급한 상황에서 방어나 문제 해결을 위해 신체가 보이는 흥분 및 각성 상태)을 지시한다. 편도체는 이성적인 사고를 관장하는 기관이 아니다. 그런데 당신이 지금 느끼는 감정에 정확한 이름을 붙일 때 뇌에서 분석과 이성적 사고를 총괄하는 전전두엽 피질이 작동을 시작한다. 즉, 자기 자신의 감정을 제대로 파악할 때 뇌의 브레이크 페달의 역할을 하는 부분이 활성화되는 것이다. 전전두엽 피질이 편도체에 진정하라는 신호를 보낸 덕분에 당신은 순간적으로 충동적인 행동을 막을 수 있다.

자기 자신이 느끼는 감정을 정확하게 명명하고 분류할 때의 이점은 또 있다. 바로 현재의 자신에게 필요한 정보를 얻을 수 있다는 점이다. 가령, 분노를 느낄 때는 해결해야 할 문제가 있다는 의미일 때가 많다. 하지만 분노라는 감정을 제대로 파악하지 못하거나 우울감으로 잘못 인식한다면, 어떤 형태로든 지금의 상태에 변화가 필요하다는 중요한 정보를 놓치게 된다. 즉 다시 말해, 현재의 문제는 그대로이고, 오히려 괴로움만 커지게 될 것이란 뜻이다. 수치심을 제대로 파악하지 못했을 때는 자신이 사실은 집단에서 배제되는 것을 두려워한다는 점을 깨닫지 못하고, 그저 주변의 사람들과 어울리기 싫은 것뿐이라고 인식하기 쉽다. 그러므로 사람들에게서 더욱 멀어지고 현재 자기 자신이 처한 상황은 점점 악화되기만 한다.

감정의 실체를 정확히 파악해야 그에 대한 원인도 제대로 찾을 수 있다. 슬픔을 정확히 파악한다면 무엇 때문에 자신이 슬픔을 느끼는지 고민해 볼 수 있다. 이처럼 그 원인을 알면 문제를 해결하기 위해서 더 많은 정보를 얻기 위한 고민을 할 수 있고, 만약 자신이 바꿀 수 없는 상황이라면 그것을 수용할 여유도 얻는다. 예를 들어, 당신이 지금 슬픈 이유는 친구가 생일 파티에 오지 않았기 때문이라는 것을 깨달았다. 그러면 당신은 친구에게 참으로 아쉬웠다는 말을 전할 수 있다. 그런데 만약 슬픔을 분노로 잘못 파악한다면(잘못 인식한다면) 이후 당신이 친구에게 보이는 반응도 상당히 달라질 것이다. 친구와 아예 교류를 끊거나 그에게 화를 내는 식으로 말이다. 안타깝게도 이러한 행동은 슬픔을 해소하는 데도 도움이 되지 않을뿐더러 자신에게 소중한 친구를 잃게 되는 결과만 초래할 수 있다. 어쩌면 친구를 잃게 되는 것이야말로 정작 당신의 가장 큰 두려움이었을 텐데 말이다.

5-2.

감정의 실체를 파악하라

　누구나 자신을 힘들게 하는 감정에 대처하는 법을 배워야 하지만, 특히나 다른 사람들보다 예민한 사람들의 경우에는 필수적이다. 가장 먼저, 자기 몸의 감각을 인지하고 감정을 정확하게 파악해야 한다. 자기 자신의 감정을 정확하고 분명하게 깨닫는 법을 배우는 것은, 스스로가 감정을 효과적으로 통제하고 관리하는 데 있어서 가장 중요한 첫 단계이다.

　혹시라도 자신이 지금 느끼고 있는 감정이 무엇인지 확실히 모르겠다면 신체에 나타나는 증상으로도 확인해 볼 수도 있다. 사람의 감정은 대부분이 몸의 감각으로 발현되기 때문이다. 공포는 복부를 통해 느껴지는 감각의 형태로 나타날 때가 많다. 분노는 어깨와 등, 얼굴에 나타날 때가 많다. 슬픔은 보통 가슴과 목에서 느껴진다. 이렇듯 특정한 감정을 느낄 때 찾아오는 몸의 감각을 읽어낼 줄 알아야 한다. 예를 들어 화가 날 때 피곤함을 느끼거나, 불안할 때 머리가 아픈 느낌이 나타날 수도 있다. 또 누구나 한번쯤 경험해 봤겠지만, 두렵고 긴장되는 일을 해야 할 때 배탈과 비슷한 증상이 찾아오기도 한다.

만약 자신이 현재 느끼는 감정을 잘 인지하지 못하는 경우, 반대로 몸의 반응을 통해 지금 느끼고 있는 감정의 정체를 파악할 수도 있다. 다른 사람이 당신에게 하는 말이나 행동 같은 외부적 요인에 대한 반응으로 몸에 어떤 증상을 느낀다면, 과거 똑같은 상황에서 자신이 어떤 감정을 느꼈는지 되짚어보며 현재의 감정적 추이를 추적해 나갈 수도 있다.

사람의 감정은 보통 행동을 동반한다. 예컨대 도망치고 싶다는 충동이 강하게 든다면 지금 자신이 두려움을 느끼고 있음을 뜻한다. 어떤 상황에서 사람들의 시선을 피하고 싶은 충동은 수치심을 느끼고 있음을 의미한다. 누군가를 공격하고 싶은 욕구는 분노에서 비롯되는 것이 보통이다.

예민한 성격을 가진 사람은 다른 사람들보다 자신의 기분에 따라 행동할 때가 더 많다. 기쁘거나 행복한 감정을 느낄 때는 친구들과도 적극적으로 어울리고 무슨 일이든 열의를 갖고 참여하지만, 우울하거나 슬픈 느낌이 들 때는 스스로를 고립시킨다. 게다가 그때그때의 기분에 따라 자기 자신을 판단하는 기준도 순간순간 달라진다. 화가 났거나 상처를 받았을 때는 자기 자신을 싫어하고 거부하지만, 행복한 날에는 자기 혐오에 시달리진 않는다.

매순간의 감정에 따라 행동하고 싶은 충동이 강하게 일더라도 실제로 행동에 옮길 것인가는 자신에 달린 선택의 문제이다. 자신의 감정에 따라 마음대로 행동할 때 감정의 강도는 더욱 커진다. 특정 감정을 더욱 부추기고 싶은 게 아니라면 과감하게 행동을 바꿔야 한다. 부끄러움을 느낄 때 다른 사람들을 피해 숨기보다는 고개를 더욱 꼿꼿이 들고 사교적인 태도를 보이도록 시도해 보라. 우울할 때 역시 마찬가지다. 혼자 고립되기보다 오히려 사교적인 태도를 취해 보라. 이렇게 직접적으로 행동에 변화를 주는 것만으로도 실제로 느끼는 감정이 따라서 바뀔 수 있다. 혹시 그렇지 못한다 해도 최소한 감정의 강도를 낮출 수는 있다.

앞에서 설명한 방법으로 일단, 감정의 원인을 찾으면 감정의 실질적인 정체도 파악할 수 있다. 감정의 원인을 찾기 위한 과정을 진행시킬 때는 지금 현재의 감정을 불러일으킨 시작점(일차적 감정)으로 거슬러 올라갈 필요가 있다. 그중에서도 특히 자신이 어떤 일을 경험했는지를 곰곰이 떠올려 보는 것이 효과적이다. 우리는 보통 어떤 특정한 생각이 특정한 감정을 불러온다고 여기기 쉬운데, 좀 더 세부적으로 분석해 보면 특정한 생각은 외부적 원인과 경험에서 파생된 결과임을 알게 될 것이다.

한편, 자신의 감정을 정확히 파악하는 또 다른 방법은 감정의 목록을 만들어 꼼꼼하게 살피는 것이다. 어떤 일이든 선택지가 있을 때 답을 찾는 것이 더욱 쉬워지는 법이다. 기쁨, 놀람, 분노, 수치심, 죄책감, 공포, 불안, 질투처럼 기본적인 감정을 종이에 적는다. 목록에 적힌 감정을 읽어 내려가며 지금 자신이 느끼는 감정과 가장 흡사한 감정을 찾는다.

보디랭귀지, 특히나 얼굴 표정에 주의를 기울이면 적정한 감정을 찾기가 수월해진다. 거울을 보고 자신의 표정이 무엇을 말하고 있는지를 살핀다. 자신의 얼굴이 유난히 슬퍼 보인다면 현재 당신이 느끼고 있는 감정이 슬픔일 것이다. 본인의 표정을 이해하기가 어려울 때는 다른 사람의 눈이 더욱 정확할 수도 있으니 그에게 한번 물어보기 바란다. 그러고 난 뒤 해당 감정을 불러올 만한 계기가 있었는지 생각해 보고, 현재 상황에서 어떤 행동을 취하는 것이 가장 적절한지 찾아간다.

한편 현재 자신이 하고 있는 생각도 유심히 살필 필요가 있다. 슬픈 생각이 들 때는 슬픈 감정을 느끼고 있을 확률이 높다. 특정 상황을 떠올릴 때 특정 감정이 유발되기 때문에 생각 또한 신중하게 유도하는 것이 감정 관리에 유익하다.

5-3.

감정을 정확하게 인지하라

자기 자신의 감정을 정확하게 인지하는 것이 어려운 데는 여러 가지 이유가 있다. 감정이 동반하는 신체적 감각에 무딘 탓도 있을 것이다. 어쩌면 어린 시절에 어떤 신체 감각이든 모두 특정한 감정으로 해석하도록 잘못된 가르침을 받았을 수도 있다. 감정의 정체를 제대로 배운 적이 없어 현재 자신이 느끼는 감정을 정확히 확정 지을 수 없거나, 자신의 감정을 다른 특정한 감정으로 착각하고 있는 것인지도 모른다. 그것도 아니라면 살아오는 동안 자기 감정을 외면하며 살아왔을 수도 있다.

특정 신체감각과 감정은 유난히 더 혼동되기 쉽다. 예컨대 피로하여 나른한 것을 우울로 오해한다거나, 흥분하여 들뜬 것을 행복으로 오해하는 식이다. 특히나 정서적 반응은 그 체계가 복잡해 여러 가지 다양한 감정과 생각이 한꺼번에 일어나기도 한다. 어떤 때는 자신의 생각을 특정 느낌으로 착각하기도 한다. 이런 여러 가지 이유로 감정을 정확히 인식하기가 어렵다.

자신의 감정을 평소 정확히 인지하던 사람이라 해도 한번씩 헷갈릴 때가 있다. 대개 사람들이 자주 착각하는 감정이 흥분과 불안이다. 불안은 보통 걱정을 내포하고 있는 반면, 흥분은 설레는 기대감에 가깝다. 해외여행을 떠나기 전날에는 보통 불안과 흥분을 함께 느낀다. 새로운 직장에 출근하는 첫날 역시 마찬가지다. 그런데 만약 흥분의 감정을 불안으로 착각한다면 자신이 멋지게 해낼지도 모를 중요한 기회를 거절하는 일이 생기고 만다. 그뿐만 아니라 불필요하게 여러 가지 다른 불편한 감정을 경험하기까지 한다.

한편, 불안과 두려움을 혼동하는 경우도 생긴다. 불안감은 미래에 발생할 수도 있는 달갑지 않은 어떤 일, 보통은 우리가 어찌할 수 없는 일을 떠올릴 때 찾아오는 감정이다. 예를 들어, 자신이 바라던 직장에 취직이 될지 안 될지를 두고 불안해한다. 두려움은 누군가 지금 자신의 집 안에 무단침입하려고 하는 것처럼 당장에 맞닥뜨린 위험과 관련한 감정이다.

두려움은 화재를 발견하고 119에 전화를 하거나 도망치는 등 그 상황에 필요한 행동을 촉발한다. 또는 긴박하진 않더라도 상당히 중요한 문제에 관해서도 마찬가지다. 그동안 지각을 일삼던 동료들이 해고되는 모습을 본 후에 자신은 제시간에 출근하려고 노력하는 것 역시도 두려움이 시키는 일이다. 이처럼 현재의 사실에 기반한 두려움은 사람들이 자신이 당면한 문제를 해결하고 안전을 도모할 방법을 찾는 동력으로 작용한다. 연설을 앞두고 스피치 연습을 하거나 시험을 앞두고 시험공부를 하는 것처럼 불안 덕분에 우리는 미래를 보다 잘 대비할 수 있다. 하지만 마땅히 지금 당장 스스로 해결할 수 있는 일도 없고, 본인이 자신의 힘으로 통제할 수도 없는 상황이라면 불안이란 감정은 우리에게 그다지 도움이 되지 않는다.

보다 정확하게 스스로 자신의 감정을 파악한다면 맞닥뜨린 상황에 제대로 대처하기 위해 어떤 행동을 취해야 할지 쉽게 결정할 수 있다. 만약 지금 다니고 있는 직장에서 일자리를 잃을까 봐 불안하다면 그 불안감을 바탕으로 회사에서 더욱 중요한 직원으로 자리매김할 수 있도록 노력하거나, 그도 아니라면 아예 이직 준비를 하는 것이 현명하다. 반면 자기 힘으로 할 수 있는 것을 모두 다했고, 지금의 상황을 본인 뜻대로 통제할 수 없는 경우라면 감정 전환이나 근육 이완처럼 불안 증상을 스스로 낮추는 방법을 적극 활용하는 것이 좋다.

통상적으로 사람은 한 번에 여러 감정을 동시에 느끼게 마련이다. 그런데 때로는 그중 한 가지 감정에만 몰입할 때가 있다. 예컨대 정서적으로 민감한 사람들의 경우, 자신의 삶이 대체로는 원만하다는 사실을 알고 있음에도 불구하고 불만족스러운 면을 찾아 그것에 깊이 빠져 드는 경향이 있다. 단 한 가지 감정만 인식하고 그것에 매몰되면 삶을 바라보는 관점이 좁아진다. 이를 테면, 슬플 때 그 감정에 사로잡힌 나머지 자신의 삶 전반에 걸친 행복한 부분은 떠올리지 못하는 식이다. 물론 대체적으로 슬픈 감정이 우세하겠지만, 그것 외에도 가족이나 친구 관계가 주는 기쁨과 고마움을 잊지 않으려 노력해야 한다.

한 가지 일을 맞닥뜨렸을 때 동시에 여러 감정을 느낀다면, 각각의 감정을 정확하게 인지하는 것이 어려울 수밖에 없다. 예를 들어, 다른 도시로 이주하게 되면서 몇 년간 함께 일하던 동료들과 본의 아니게 헤어지게 됐다고 가정해 보자. 친한 이들과 헤어지는 것은 슬프지만 동시에 새로운 터전을 찾아간다는 생각에 행복하고 흥분되고 긴장이 되기도 한다. 혹은 동료들과 함께했던 지난 일들을 떠올리며 후회나 죄책감이 들지도 모른다. 이런 상황에서는 각각의 감정을 따로 인식하는 것이 어렵다.

따라서 가장 강하게 느껴지는 감정 외에도 현재 자기 내면 속에 어떤 감정이 자리하고 있는지 적극적으로 살펴야 한다. 자기 안에 다양한 감정이 존재한다는 사실을 인식할 때 비로소 내면의 균형을 찾을 수 있다. 물론 자신을 힘들게 하는 감정에 휩쓸리는 일도 줄어든다.

은영은 그녀의 나이가 30대에 접어들기 시작하자, 크리스마스를 성대하게 보내기 시작했다. 초콜릿을 직접 만들고, 크리스마스 트리를 두 개나 장식하고, 크리스마스 카드도 제작하고, 이브 날 즐길 성대한 만찬을 준비했다.

이렇게 준비하는 데만 몇 개월이 걸리곤 했다. 그러자 슬슬 힘에 부치기 시작했다.

생각 끝에 은영은 크리스마스 행사를 그만두기로 결심했다. 그 뒤로는 크리스마스 시즌이 와도 트리도 준비하지 않았고 요리도 준비하지 않았다. 슬프기도 했지만 한편으론 바쁜 시간을 쪼개 크리스마스 준비를 하지 않아도 되어서 편안한 마음이었다.

사실 처음에 은영은 자신이 늘 해오던 대로 준비하지 못했기 때문에 크리스마스를 제대로 즐길 수 없을 거라 생각했다. 그런데 실상 그렇지 않았다. 그녀는 소박하지만 아름다운 크리스마스를 보냈다.

은영은 자신이 행복과 흥분을 항상 착각했다는 것을 깨달았다. 정성 들여 크리스마스를 준비하는 과정에서 그녀는 흥분되고 들뜨는 기분을 느꼈지만, 행복을 느낀 것은 아니었다. 자신의 감정을 정확하게 파악한 후부터 그녀는 크리스마스를 다른 방식으로 즐겁게 보낼 수 있게 되었다.

5-4.

생각이 더해져 새로운 감정이 생긴다

특정한 사건이나 생각으로 감정이 생겨날 때, 이 감정으로 인해 또 다른 감정이 생성되기도 한다. 예컨대 슬픔이라는 감정을 느끼는 것을 두려워하는 사람이 있다. 이러한 특징 때문에 그 사람은 슬플 때 두려움을 함께 느낀다. 또는 슬픔이라는 감정 자체를 싫어하는 사람은 이 감정을 외면하고자 슬픔이란 감정이 찾아올 때 오히려 분노의 감정을 느끼기도 한다.

이처럼 일차적으로 찾아온 본래의 감정을 잘 파악해야 현재의 문제 상황에 효과적으로 대처할 수 있다. 그 본래의 감정이야말로 현재의 상황과 그 상황 속 자신의 경험에서 직접적으로 파생된 결과물이기 때문이다.

대개 사람들은 생각과 감정을 헷갈린다. 정서적으로 예민한 사람들은 이 두 가지를 혼동하는 경우가 잦다. 그래서 '생각한다' 보다 '느낀다' 란 말을 자주 쓴다. 그렇기 때문에, 감정이 그다지 도움이 되지 않거나 감정적이 되어서는 안 되는 상황에서도 자신의 감정을 결부

시키는 일이 생긴다.

한편, 자신의 경험을 구체적이고도 정확하게 인식해야 현명하게 행동할 수 있다. 또한 그렇게 할 때만이 '감정'으로 오인한 '생각'으로 인해 그릇된 자아상을 갖게 될 위험도 줄어든다.

음식이나 각종 약물, 그리고 특정 행동을 동원해 자신의 감정을 마비시킨다면 자신이 정말로 무엇을 느끼는지 알아채기가 어렵다. 내면적으로 부정적인 감정을 느낄 때 음식에 대한 충동이나 다른 무언가에 집착하는 것은 아닌지 살펴보자. 우리는 자신의 현재 감정을 파악하는 데 집중해야 한다. 세밀하고 정확하게 자신의 감정을 느끼는 연습을 하는 것이 중요하다.

때때로 사람들은 자신이 왜 이런 기분을 느끼는지 도무지 알 수 없는 때가 있다. 그때마다 사람들은 그 같은 자신의 감정의 원인을 이성적으로 분석해 보려 하지만, 알고 보면 잘못된 추측을 할 때가 대부분이다. 정서적으로 다른 사람보다 예민한 사람의 경우 스스로 자각하지 못할 뿐, 사실과는 전혀 다른 자신만의 판단으로 현재 느끼는 자신의 감정을 합리화시키는 데 익숙하다.

때때로 감정의 원인이 복합적일 경우에는 정확히 파악하기가 더욱 어려워지기 때문에 스스로 전혀 다른 이유를 만들어내기도 한다.

예민한 사람들은 일반 사람들보다 창의력이 높은 편이다. 그들은 창의적 사고를 통해 다른 일반 사람들은 발견하지 못하는 사건

간의 연결고리를 찾아내는 능력이 뛰어나다. 물론 그러한 능력이 현재의 세상을 다른 관점에서 바라보게 하고 깊이 이해하게 하여 많은 것을 얻게 할 때도 많다. 그러나 때론 아무런 관련이 없는 사안들까지 현재의 상황과 상관관계가 있다고 믿기도 한다.

전혀 다른 사건이나 타인의 행동을 매사 자기 자신과 연결 짓거나 자신에게 잘못이 있다는 태도로 받아들인다면 자신의 삶에는 불필요한 고통만 늘어날 뿐이다. 이러한 오류를 바꾸기 위해서는 무엇보다 타인의 행동과 말에 숨겨진 다른 의미가 있을 거라고 착각하는 것을 멈춰야 한다. 있는 그대로의 사실만 보고 상황 속 정보들을 객관적으로 파악하기 위해 노력해야 한다.

사건의 실제적인 사실관계와 자의적 해석을 명확히 구분하는 것은 자신의 감정을 다스리는 데 상당히 중요하다. 사실이란, 자신이 직접적으로 관찰할 수 있는 것들이다. 자신의 판단에 확신이 드는 경우가 있다 해도 섣불리 단정하기보다, 직접적으로 사실관계를 확인하거나 상대방에게 직접 묻고 확인하는 것이 좋다.

타인의 생각과 행동의 의도를 자꾸만 추측하다 보면 끊임없이 고통과 괴로움이 찾아온다. 자기 나름의 짐작으로 점점 더 부정적인 감정에 깊이 빠져들었던 적이 분명 있었을 것이다. 사실관계를 확인해야 자신의 잘못된 추측으로 내면 속에서 부정적인 감정이 생겨나는 일을 막을 수 있다.

일반적으로 예민한 사람들은 다른 사람들에 비해 직관이 발달하지만, 그렇다고 자신의 그 직관이 항상 옳은 것은 아니다. 이처럼 감정이 촉발된 진짜 원인을 잘못 추측하기보다는, 특정 감정이 생기기 전에 현실 속에서 일어난 일들을 꼼꼼하게 되짚어보되, 섣부른 추측을 삼가는 연습을 해야 한다.

5-5.
수면의 중요성

충분히 잠을 자는 일은 두뇌가 효율적으로 기능하는 데 필수적이다.

잠을 자는 시간 동안은 전전두엽 피질이 휴식을 취하고 그 기능을 회복하는 유일한 시간이다. 이마 바로 뒤편에 자리하고 있으며 감정을 통제하고, 상황을 분석하고, 특정 행동으로 야기될 결과를 예측하는 기능을 담당한다. 요컨대 효율적이고 합리적인 의사결정을 내리는 데 필요한 일들을 처리하는 곳이며, 전전두엽 피질이 충분히 휴식할 수 있도록 시간을 줘야만 우리는 훌륭한 선택을 내릴 수 있다. 우리가 잘 때를 제외하고 항상 바삐 제 일을 하는 중요한 기관이고 또 잠을 자는 시간 동안 두뇌는 다양한 생각들을 서로 연결하고 결합하는 일을 한다. 그리고 수면은 인내심과 문제 해결 능력, 사회적 신호 이해력, 사고 유연성 향상에 도움을 준다.

수면이 부족할 때는 감정 관리가 더욱 힘들어지고 현명한 의사결정이 어려워진다. 피로할 때는 비교적 사소한 문제에도 더욱 예민하고 빠르게 반응하게 되며 잠이 부족하거나 수면의 질이 떨어진 경우에는 기억력, 주의력, 집중력이 떨어지고 문제 해결 능력도 약해진다. 새로운 정보를 받아들여 이해하고 분석하는 능력이 낮아지고, 유연한 사고도 거의 불가능해질 뿐만 아니라 희망적인 생각이나 낙관적인 가치관을 유지하는 것이 어려워져 일상 생활 속에서 우울감을 느끼기 쉽다. 수면 부족으로 스트레스에 대항하는 능력이 낮아져 일상적인 일도 힘들게 느껴지고 사소한 불협화음도 무척 크게 느끼게 된다.

일상 속의 어려움을 극복하고 다시 원래의 자리로 되돌아오는 회복탄력성을 좌우하는 인지 유연성은 수면의 영향을 크게 받는다. '인지 유연성'이란 다양한 관점에서 생각하고 새로운 정보와 상황에 맞게 자신의 생각을 바꾸는 능력을 말한다. 일반적으로 사람들은 새로운 정보에 따라 생각을 바꾸는 것이 어려울 때 감정에 휘둘리기 쉽다.

또한 수면이 부족할 때 사람은 자기 평가 능력을 잃는다. '자기 평가'란 자신의 행동이 문제 해결에 도움이 되는지 아니면 상황을 더욱 악화시키는지 객관적으로 판단하는 능력을 뜻한다. 또한 잠을 충분히 자지 못하면 타인의 관점을 받아들이지 못하고 이해하기 어려워진다. 수면부족으로 벌어지는 다양한 문제들은 자기 자신과 자신이 사랑하는 사람 간의 불필요한 마찰을 불러일으킨다.

수면 습관을 바꾸는 것이 쉽지 않겠지만, 수면이 정서적, 심리적 건강에 끼치는 막대한 긍정적인 효과를 생각한다면 최대한 노력해 봐야 한다. 다른 사안과 마찬가지로 수면 역시 즉각적으로 개선되기를 바라기보다는 조금씩 노력하다 보면 어느새 놀라운 효과를 볼 수 있다. 충분한 수면을 취하고 또한 수면의 질을 높이면 감정을 다스리는 능력이 크게 향상된다는 것을 믿고 노력해 보기 바란다.

5-6.
규칙적인 운동의 효과

규칙적으로 실시하는 운동은 강렬한 감정을 통제하는 가장 좋은 방법 중 하나이다. 몸을 활동적으로 움직이는 것은 약물 이상으로 감정 관리에 효과가 좋다. 그 이유는 다음과 같다.

· 마음을 혼란하게 하는 생각에서 벗어날 수 있게 해준다.

· 근육의 긴장도를 낮춘다.

· 체내 세로토닌, 도파민, 노르에피네프린을 증가시키고 균형을 맞춘다. (세 가지 모두 감정에 관련한 중요한 신경전달물질이다.)

· 무기력함, 무력함에서 벗어날 수 있다.

운동은 감정을 통제하는 데 도움을 줄 뿐 아니라 학습 능력 향상에도 효과가 있다. 집중력과 적응력을 높이고, 실수를 저지른 후에도 원상태로 회복하는 능력도 크게 향상시킨다. 새로운 심리적 대처 기술을 익히는 과정에서 가장 중요한 것은, 새로운 정보를 받아들여 이해하고 따르는 능력과 실패를 경험한 후에도 좌절하지 않고 원상태로 회복하는 능력이며 인지 유연성을 높이는 데도 효과적으로 작용한다. 인지 유연성은 새로운 정보를 받아들여 현재의 상황에 적용하는 능력이다. 이러한 인지 유연성은, 새로운 문제 해결 전략을 채택하고 창의적인 방향으로 정보를 활용하는 데도 크게 영향을 미친다.

또한 운동을 통해 몸을 움직이는 과정에서 스트레스가 신체에 미치는 악영향을 최소화하고 스트레스로 인한 정서적 상처를 치유할 힘을 얻는다. 스트레스를 받을 때 분비되는 코르티솔 호르몬은 우리의 몸을 극도의 긴장 상태로 만들고 물리적 위협에 즉각적으로 반응하도록 대비시킨다. 스트레스 대부분이 심리적, 감정적인 불편함과 다가올 미래에 대한 걱정에서 비롯되는 것임에도 우리 몸은 해당 문제들이 상당히 물리적이며 굉장히 가까이에 도사리고 있다고 받아들인다. 만약 그것이 신체적으로 가해지는 위협이라면 싸움이나 도망을 치는 적극적인 행동으로 코르티솔 수치를 낮출 수 있지만 반면 그것이 심리적, 정서적 그리고 가상적으로 가해지는 위협이라면 물리적으로 어떤 준비를 할 수 없어 코르티솔 수치가 높게 유지된다. 스트레스 호르몬인 코르티솔이 지배하고 있는 몸은 이성적 사고를 위한 것이 아니라 신체적 행동을 취할 준비를 한 상태이기 때문에 이때는 정확하고 명료하게 생각하기가 어렵고 아주 사소한 것도 위협으로 인지하고 만다. 뿐만 아니라 지속적인 스트레스에 노출될 경우 코르티솔 및 그밖에 스트레스 호르몬이 신체 내에 과도하게 분비되어 몸의 기능이 약해지고 심장 질환, 불안, 우울증, 체중 증가, 수면 장애, 기억력 저하 등의 증상이 나타난다.

스트레스 치유 방법중 특히 운동은 격렬한 감정을 관리하는 데 상당히 효과적인 방법이다. 실험을 통해, 6주간의 유산소 운동 후 불안을 느끼는 정도가 크게 낮아지는 경험을 했다고 밝히는 사람들도 제법 많다. 집중력과 학습능력이 향상될 뿐 아니라 건강도 증진된다. 운동의 부수적인 효과로는, 자신이 좋아하는 운동을 선택했을 때 즐거움을 얻을 수 있는 것을 꼽을 수 있다. 그리고 운동을 '규칙적으로' 할 때 감정 관리 능력에 도움이 되는 다른 방법들도 효과가 더욱 높아진다.

5-7.
일정을 계획하는 기술

　일반적으로 사람들 가운데 무언가를 하는 시간을 일정하게 정해 두고 계획을 세우는 것이 실천에 큰 도움이 된다고 하는 사람들이 많다. 나중에 하겠다는 식의 모호한 다짐보다 정확히 시간을 안배해서 계획을 세워야 실천에 대한 부담감이 더욱 크게 작용하기 때문이다. 또한 미루고 미루다 더 이상 지체할 수 없을 때가 돼서야 일을 바쁘게 해치우며 기진맥진할 확률도 줄어든다. 지켜야 할 약속, 참석해야 할 수업, 해야 할 일, 만나야 할 사람이 있는 등 집중할 일정한 계획이 있을 때 자신의 감정 변화에 덜 예민하게 반응하기 마련이다. 이처럼 적절히 계획을 세우는 것만으로도 감정의 강도가 낮아지고, 감정을 수월하게 넘길 수 있게 된다.

　계획을 세울 때는 시간대별로 계획을 세울 때 성과가 높은 사람도 있고, 반면에 지나치게 세세한 계획에 불편해 하는 사람도 있다. 하루에 어떤 일을 얼마 만에 끝낼 수 있는지, 얼마나 많은 일을 할 수 있는지에 대해 지나치게 과소평가하거나 과대평가하는 등 자신의 업무 처리 능력을 제대로 파악하지 못하는 경우도 있다. 때때로 빽빽한 스케줄에 대한 부담과 구속은 오히려 스트레스만 가중시킬 수도 있다. 주어진 시간에 비해 너무 많은 일을 하려고 들면 오히려 평소보다 더 적은 양의 일만 하게 되는 상황도 생긴다. 반면 너무 적은 일을 할 때는 무기력과 슬픔, 자신이 무의미하다는 생각까지 찾아온다. 따라서 자신에게 잘 맞는 계획표를 세우는 것이 무엇보다 중요하다. 물론 자신에게 딱 맞는 계획표를 세우기 위해서는 몇 번의 시행착오가 필요하다.

계획표를 지키는 것이 힘들겠지만, 어떤 일을 하는 데 어느 정도의 소요시간이 걸리는지 자신의 능력치를 정확히 깨달을 수 있는 좋은 계기가 될 것이다. 너무 바쁜 것 같다면 몇 가지 일을 없애도 된다. 물론, 계획표에 일정을 더 추가하고 싶다면 그렇게 해도 좋다.

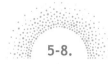

5-8.
기분 좋은 환경 만들기

다른 사람보다 정서적으로 예민한 사람들은 생각보다 주변 환경에 영향을 많이 받는다. 어떤 사람들은 사람이 많은 곳을 불편해하거나, 좁고 폐쇄된 공간을 싫어할 수도 있다. 그들은 방이 지저분하고 정리정돈이 제대로 되어 있지 않으면 짜증이 나고, 자기 자신에 대해 부정적인 생각이 커지며, 심지어는 격렬한 감정에 사로잡히기도 한다.

지저분하고 어수선한 방에서 불쾌함을 느낀다면 아마도 더러운 환경을 통해 자기 자신의 가치가 저하되었다고 여기기 때문일 것이다. 혹은 정리정돈이 제대로 되지 않은 집 상태가 자기 자신과 자신의 삶을 온전히 통제하지 못한다는 것을 드러낸다고 생각할 수도 있다. 자신의 집을 어지럽게 내버려두는 것은 어쩌면 무관심이나 무력감 때문일 수도 있다. 그것이 어떤 이유에 기인하든 자신이 사는 집이 엉망일 때 자기 자신을 바라보는 관점 역시 부정적인 방향으로 흘러갈 확률이 높다. 또한 당연하게 지저분한 집에는 사람을 초대하지 않게 되기 때문에 점점 더 홀로 고립된 생활에 젖어 들게 된다.

여기서 중요한 부분은 지저분하고 어수선한 집안 환경이 우울감, 자아 존중감 저하, 무력함, 무기력함을 더욱 심각하게 만든다는 것이다. 즉 끊을 수 없는 악순환의 고리에 빠져들게 된다. 건강하지 않은 환경에서 생활할 때 자기 자신에게 '건강과는 거리가 먼' 생활을 해도 괜찮다는 암묵적인 동의를 하게 된다.

집이 깨끗하고 정돈되어 있다면 밀린 업무를 바로 처리할 확률이 높다. 그날 밤이 아니더라도 다음날이라도 바로 말끔하게 정리할 것이다.

자신의 집을 더욱 행복하고 생동감 넘치는 공간으로 만들 수 있도록 매일매일 작은 변화를 하나씩 실천해 보길 바란다. 집 안의 어느 한 곳을 정해 매일 10분씩 청소하는 방법도 있다. 매일 아침 눈을 뜨는 공간인 침실부터 시작해 보는 것도 좋다. 아침 10분, 저녁 10분 이렇게 2회 청소하는 것도 좋다.

그게 아니라면 하루에 한 가지씩 집안일 중 할 일을 정해도 된다. 예를 들어, 월요일에는 빨래를 하고 화요일에는 설거지를 하는 식이다. 물건이 여기저기 쌓여서 지저분하다면 하나씩 정리하고 치우는 것도 도움이 된다. 자신에게 중요한 물건만 남기고 나머지는 나눔을 하는 것이다.

집 안을 깨끗이 치우는 정리 계획은 단순하게 실행 가능한 수준으로 세우는 것이 좋다. 날마다 자신이 해낸 일을 기록해 보자. 그리고 한 단계씩 나아갈 때 자신에게 보상을 한다.

Tip

당신은 이미 충분한 수면과 운동의 중요성에 대해서 자세히 알고 있을 것이다. 어머니 혹은 의사에게서 들었거나 잡지나 건강 관련 뉴스에서 관련 글을 읽어 본 경험이 있을 것이다. 그런데 이런 기본적인 생활 수칙들을 날마다 지키고 실천하는 것이 감정을 관리하는 능력을 향상시킨다는 것을 알고 있었는가? 몸이 아프거나, 피곤할 때, 배가 고플 때는 감정 조절 능력도 떨어진다. 더구나 예민한 사람은 유사한 상황에서도 일반 사람들보다 더욱 강도 높은 감정을 느끼기 때문에 평소에 자기 자신을 철저히 관리하고 돌보는 것이 더욱 중요하다.

격렬한 감정은 규칙적인 수면과 운동처럼 건강한 생활 습관을 유지하는 데 걸림돌이 될뿐 아니라 정돈된 생활도 불가능하게 한다. 신체적 건강을 돌보고 환경을 정돈하는 것의 중요성을 그저 머리로 알고 있는 것에 그치지 말고 실제로 실천하는 것이 중요하다. 그러면 상상 이상으로 삶의 질이 높아지는 것을 경험하게 될 것이다.

6장.

행복한
감정습관 만들기

6-1.

작은 감정들이 만드는 활력

우리의 뇌에는 섬엽이라는 곳이 있는데, 뇌의 양쪽 측면 부위에 말려 들어가는 모양으로 위치해 있다. 이 섬엽의 역할은 비교적 최근에 알려지기 시작했는데, 이곳은 몸에서 오는 감각들을 인식하는 데 매우 중요한 역할을 한다. 몸의 감각 중에서도 특히나 내장 기관의 감각, 자신이 지금 어떤 움직임을 취하고 있는지 인식하는 데에도 필수적인 역할을 한다. 즉 자기 몸의 감각들을 인지하고, 자신의 몸이 지금 어떤 상태에 있는지를 파악하는 중요한 부위이다.

최근에는 섬엽과 관련한 중요한 연구 결과들이 나오고 있다. 뇌과학자인 버드와 실라니 등의 연구에 따르면 섬엽의 발달 정도는 신체 감각뿐만 아닌, 감정을 인식하는 능력과도 연관되어 있다는 것이다.

한편 '감정 표현 불능증'이라는 병이 있는데, 이 '감정 표현 불능증'은 자신이 어떤 감정을 느끼는지 제대로 인식하지 못하며, 따라서 자신의 감정 상태를 정확히 표현하지 못하는 병을 일컫는다.

그런데 이와 유사한 증상이 한국 남자들에게서 많이 나타난다.

한국 사회는 서구 사회와는 다르게 남자가 자신의 감정을 표현하는 것, 특히 슬픔, 불안 등을 표현하는 것을 주로 부정적인 잣대로 판단한다. '마음이 아프다' '슬프다' '외롭다' 등의 표현을 마치 남자가 자기 스스로 약하거나 결점이 있는 것처럼 여기기 때문이다. 이런 문화적인 배경 탓에 한국 남자들은 자신의 감정을 일부러 억누른다. 또 스스로도 자기 마음을 바라보려 하지 않는다. 결국 나중에는 느끼고 싶어도 자신의 감정을 잘 느끼지 못하게 된다.

이것 역시 일종의 감정습관이다. 정서적으로 불안이나 우울에 빠져 헤매는 것도 감정습관이지만, 이렇게 아예 자신이 느끼는 감정 자체에 대해 무시하다가 결국에는 느끼지 못하게 된 것도 중요한 감정습관의 하나이다.

감정 표현 불능증에 걸린 사람들의 섬엽 활성도는 매우 낮은 것으로 밝혀졌다. 반면 자기 감정을 외부로 잘 표현하는 사람들의 섬엽 활성도는 높은 편이다.

이 같은 연구 결과는, 자신의 내면에서 발생하는 감정들을 인식하는 것과 신체의 감각들을 인식하는 능력은 결국 같은 것임을 보여준다.

자신의 마음에서 일어나는 작은 감정들의 변화를 잘 파악하는 것은 내 몸에서 일어나는 변화를 얼마나 잘 인식하는가와 같은 맥락 속에 있다.

자신의 삶 속에 존재하는 소소한 즐거움과 작은 행복을 잘 찾지 못하고, 오로지 자극적인 감정습관에 빠져 있는 사람은 정서적인 내면을 들여다보기 전에 자신의 몸을 관찰하는 연습을 먼저 해야 한다. 결국 자기 자신의 몸의 변화를 잘 인식한다는 것은 마음의 작은 감정들도 잘 느낄 수 있음을 뜻한다.

자신의 몸의 느낌을 잘 관찰한다는 것이 어떤 의미인지 조금 낯설 것이다. 혹은 자신은 이미 몸의 느낌을 매우 잘 파악하고 있다고 생각하는 사람도 있을 것이다.

우리의 뇌는 몸에서 여러 가지 자극이 전달되더라도 자신이 원하는 것 이외의 나머지 자극들은 무시하는 경향이 있다.

우리의 감정도 마찬가지다. 뇌는 정서적인 내면에서 일어나는 여러 가지 감정 중에서 중요하다고 판단되는 감정에만 집중한다. 즉 자극적인 감정이나 오랫동안 습관이 된 감정에 더 큰 주의를 기울인다. 우리가 무심코 모른 채 지나가는 수많은 몸의 감각처럼 수많은 마음의 변화가 그저 사라지고 있다. 그렇기 때문에 일상 속에 존재하는 소소한 감정들을 느낄 수 없는 것이다.

이것을 바꾸기 위해서는 먼저 몸에서 느껴지는 작은 감각들, 자신도 모르게 지나간 감각들에 집중하는 연습을 해야 한다.

먼저, 주의를 기울여 자신의 몸을 관찰하는 연습부터 해보자. 가장 효과적인 방식인 복식 호흡을 해보자. 그러면서 코에서 느껴지는 느낌에 주의를 기울여 보자. 공기의 온도, 공기가 코에 닿으며 들어오는 감각을 느끼자. 이렇다 저렇다 판단하지 말고 그저 자신의 몸에서 느껴지는 감각들을 그대로 허용하고 제3자처럼 관찰하자. 머리끝에서 발끝까지 온몸에 세심하게 주의를 기울이며 한 발짝 떨어져서 관찰자가 되어 바라보자. 배가 불러 오는 느낌, 내려가는 느낌이 느껴질 것이다. 근육은 어느 정도 뭉쳐 있는지, 지금 자세는 어떠한지, 심장 박동수는 어느 정도인지, 호흡수는 어느 정도인지 느껴보자. 집중하되 여러 가지 감각 모두에 분산하자. 이런 세심하고도 고도로 집약된 집중을 '열린 집중'이라고 한다.

이것에 익숙해지면 이번에는 일상생활에 속에서도 열린 집중을 활용해 보자. 음식을 씹을 때의 느낌, 목으로 넘길 때의 감각, 잊고 지냈던 음식의 맛을 느껴 보자. 걸을 때도 마찬가지다. 발바닥이 땅에 닿는 느낌, 손을 흔드는 행동, 나의 자세 등에 대해 관찰하자. 이런 세심하고 관찰자적인 태도들이 모이면 섬엽의 활성도가 증가하고 신체를 인식하는 힘이 강해진다.

자신의 신체의 감각에 익숙해지면 몸에서 마음으로 눈을 돌려보자. 몸을 관찰하듯, 자신의 마음을 관찰하는 것이다. 진지하지만 편안한 태도로 열린 집중을 하자. 신체 감각 연습을 통해 섬엽이 활성화됐으므로, 자극적인 감정만이 아닌 밋밋한 감정들도 차분히 바라볼 수 있고 느낄 수 있을 것이다. 이런 열린 집중을 연습하며 존재조차 모르고 지나갔던 소소한 감정들과 기쁨에 익숙해지자. 자신의 내면에 존재하는 작은 감정들을 잘 느낄 수 있다는 것은 행복이라는 감정습관에 성큼 다가갔음을 뜻한다.

6-2.

자신의 감정을 돌아보라

감정습관에 빠져 있는 뇌는 이미 오랜 시간 동안 익숙해진 감정만을 오래 기억하려고 한다. 자기 자신에게 낯선 감정은 빨리 망각해 버린다. 부정적인 감정만이 습관처럼 굳어진 사람들은 일상에서 발생하는 소소한 즐거움이나 감사함을 재빨리 망각해 버린다.

자기 자신의 감정을 돌아보는 것은 아주 중요한 일이다. 매일 같이 그날 하루의 자신의 감정을 돌아보는 습관을 기른 사람에게는 큰 변화가 생긴다. 그동안 어떻게 지냈느냐는 안부인사에 온갖 긍정적인 이야기와 기억들이 많이 나온다. 자기 자신에 대한 이야기를 하면서 밝은 표정과 미소를 짓는 시간도 점차로 늘어나게 된다. 자신의 생활 자체가 달라진 것은 없어도 자기 자신의 감정을 자주 돌아볼수록 긍정적인 정서가 내면적으로 점점 익숙해지는 것이다.

그날의 기분이 좋건 나쁘건 그저 하루 한 번 정도 빼놓지 말고 내 감정이 어땠는지 생각해 보자. 좋은 기분뿐만 아닌 나쁜 기분까지도 생각하자.

물론 이런 연습을 통해 안 좋은 일만 또 다시 생각나고 기분이 더 가라앉을 거라고 생각하는 사람이 많을 것이다. 그런데 그렇지만은 않다. 불안이라는 감정습관에 빠져 불안만 생각하던 사람도 매일 같이 그동안 있었던 일과 감정을 생각하다 보면 좋은 일도 분명 생각나게 되어 있다.

그리고 그날 하루를 정리하며 돌아보면, 나쁜 기억보다는 그날 있었던 좋은 일, 긍정적인 기분이 조금이라도 늘어났음을 알 수 있다. 매일매일 그날 하루 있었던 사소한 감정, 일들에 대해 돌아보면 더욱 효과가 좋다.

주변 환경이 달라지지 않더라도, 자신의 감정을 자주 그리고 능동적으로 검토하고 생각해 보는 것만으로도 이전보다 기분이 나아진다.

실제 이런 연습에 대한 연구가 미국에서 있었다. 먼저, 실험에 참가하는 사람들을 두 그룹으로 나눈다. 한 그룹에게는 조사자가 하루가 끝날 무렵 그날의 기분이 어땠는지 한 차례 물어봤다. 또 다른 그룹에게는 수시로 전화해서 그때그때 기분이 어떤지 물었다.

이렇게 며칠이 지난 뒤, 두 그룹 사람들에게 각각 지난 며칠 동안 얼마나 행복했는지 물어보았다. 두 그룹 간에 생활의 차이나 발생한 일의 차이가 없음에도, 자주 자기 기분을 돌아보고 이야기한 그룹이 훨씬 더 행복하다고 답했다.

이 실험은 우리에게 상당히 중요한 사실을 알려준다. 굳이 좋은 기분을 애써 찾으려 하지 않아도 된다. 일반적으로 부정적인 감정 습관에 빠져 있는 사람들이 이런 연습을 통해 부담스러워하는 것이 자신의 생활 속에서 작은 행복을 억지로 찾아야 한다는 것이다. 물론 작은 행복과 소소한 기쁨이 금방 눈에 띄어서 되새길 수 있다면 좋겠지만, 처음부터 그렇게 잘 되지는 않는다.

그럴 때는 우선 하루에 세 차례 정도 시간을 정하고, 이전 3~4시간 동안 있었던 기분을 체크해 본다. 이것이 익숙해지면 한 시간에 한 번씩 하면 더욱 좋다. 만약 그동안 불안이라는 부정적인 정서가 무서워 도망만 다녔다면 이제는 뒤돌아 능동적으로 마주하는 것이다. 그러면 그 뒤에 따라오는 긍정적인 감정들도 눈에 들어올 것이다.

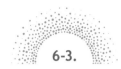

6-3.

걱정은 한꺼번에 몰아서 하기

자기 자신이 느끼고 있는 것이 우울이건 불안이건 대부분의 부정적인 감정습관에는 '걱정'이라는 것이 빠지지 않는다. 결국 따지고 보면 많은 사람이 하루 종일 걱정에 시달린다. 이런 상황에서는 생활 속의 소소한 즐거움을 느끼기도, 긍정적인 생각을 하기도 어렵다. 그렇다고 해서 어느 순간부터 당장 걱정을 안 할 수도 없다.

그렇다면 이 걱정이라는 것을 한꺼번에 몰아서 하면 어떨까? 하루 중에 오로지 걱정만 하는 시간을 만들어 보자. 예전에는 하루 종일 걱정에 시달렸다면, 한꺼번에 몰아서 집중적으로 걱정만 하고 나머지 시간에는 가능한 한 걱정스러운 상태에서 벗어나게 해주는 것이다. 실제로 이 방법은 매우 효과가 있다.

하루 중에 걱정만 하는 시간을 정하자. 전업주부라면 오전 중에 한 시간 정도로 정하면 좋고, 직장인이나 학생은 저녁 시간에 한 시간 정도로 정하면 좋다. 걱정을 하는 것은 수면에 영향을 줄 수 있으므로 잠들기 직전에 걱정을 하는 것은 피하는 것이 좋다.

평상시 자신의 마음속에 간직하고 있던 걱정과 고민 중에 지금 당장 해결해야 할 것들을 뺀, 나머지 고민거리들을 일단 수첩에 모두 적어 놓자. 마음속에 걱정이 생기는 순간, 즉시 고민거리를 자신의 내면 속에서 꺼내 다른 곳으로 옮긴다는 기분으로 수첩에 적는다. 그러고는 이렇게 생각하는 것이다. '잠시만 거기 들어가 있어라. 걱정하는 시간이 되면 꺼내서 충분히 고민할게.'

그런 후에, '걱정하기로 정한 시간'이 되면 수첩을 펼친다. 수첩에 적혀 있는 하루 동안의 고민들을 하나하나 살펴보고 그 해결법을 찾아 그 옆에 적는다. 이 순간에는 열심히 고민만 하자. 고민을 해서 결과가 달라질 수 있는 것에 대해서는, 자신이 선택할 수 있는 가장 최선의 방법을 찾아보자. 가능한 한 자신의 온갖 걱정과 후회, 자책감 등을 이 시간에 한꺼번에 몰아서 하자.

그렇다고 해서 스스로를 자책하고 한숨만 내쉬는 시간으로 만들어서는 안 된다. 되도록 걱정하는 사항들에 대해 실제적인 해결방법을 찾아보려 노력하자. 또한 해결방법이 없는 사항에는 길게 매달리지 말고 과감하게 잊어버리자. 그런 것들을 이 시간에 정리해 줘야 한다.

본인이 어떻게 할 수 없는 사항에 대해서는 그 옆에 '고민해 봐야 소용 없음'이라고 적는다. 자신이 어떻게 할 수 없는 일이라고 수첩에 적고 나면, 자신도 모르게 마음이 한결 편안해질 것이다. 이런 식으로 고민 사항에 대해 분류하고 정리하면, 하루 종일 따라다니던 걱정을 맺고 끊을 수 있다.

6-4.

변화는 일상의 작은 습관에서 시작된다

일반적으로 사람들은 무의식적으로 주변 사물들에 자신의 마음을 투영한다. 자기도 모르는 사이, 누구나 주변 환경이나 물건에 자신의 마음을 깃들이는 것이다.

유명한 아동 심리학자인 셀마 H. 프레이버그의 저서《마법의 시간 첫 6년》을 보면, 맹장 수술을 받기 위해 입원한 남자아이 이야기가 나온다.

기계 종류를 다루는 것을 좋아하는 그 아이는 입원한 뒤 엄마에게 고장 난 시계를 하나 가져다달라고 한다. 그리고 매달리다시피 하여 그 시계를 고쳐 낸다. 그 아이 수준에, 평소 같았으면 고칠 수 없는 것이었는데 말이다.

아이는 그렇게 고장 난 시계를 고치면서 수술에 대한 두려움과 공포심을 이겨낸 것이다. 시계는 바로 그 아이 자신이었다. 고장 난 것은 아픈 자신을 상징했고, 그 아이가 결국 고장 난 시계를 고쳐 낸 것은 자신도 그처럼 나아질 것이라는 확신을 갖기 위한 필사적인 노력이었던 것이다. 물론 그 아이는 자신이 시계에 이런 의미를 부여했는지 몰랐겠지만 말이다.

이렇듯 사람들은 자신도 모르는 사이 자신이 가진 사물이나 환경에 마음을 깃들인다. 그러고는 그것을 자신의 마음인 양 다룬다. 스스로가 의식하든 못하든 관계 없이 말이다.

우리의 마음은 종종 타인의 마음에 자신을 빗대기도 한다. 타인의 마음을 통해 자신의 마음을 표현하고자 하는 것이다. '타인은 내 마음의 거울'이라는 말도 있다. 다른 사람들의 고집이 세다고 불평하는 사람은 사실은 본인의 고집이 센 것이다. 다른 사람들에 대해 돈만 밝힌다고 여기는 사람의 마음속에는 돈이라는 기준이 중요하게 자리 잡고 있을 것이다.

또한 타인에게 화를 과하게 내고 상대방을 가혹하리만치 몰아가는 사람들을 보면, 자기 자신에게도 불만이 많고 스스로를 가혹하게 대하는 경우가 많다. 반면 상대를 존중하고 따뜻하게 대하는 사람들은 자기 자신도 존중하고 따뜻하게 대하는 경우가 많다.

요컨대 우리는 이런 점을 이용해야 한다. 자신의 주변에 있는 사물들을 이용하자. 자기 자신의 마음을 상징할 만한 것을 찾아 정성껏 마음을 깃들이는 연습을 하자. 그리고 타인들에게 자기 자신을 대하듯 친절하고 따뜻하게 대하자. 주위 사람들에게서 자신을 화나게 하는 단점들이 반복해서 눈에 띈다면, 어쩌면 그것이 자신의 단점은 아닌지 돌아보자. 주위에 있는 사람을 배려하고 자신에게 잘 못한 것을 용서해 주자. 그렇게 하면 마치 자기 자신이 용서받은 듯 기분이 좋아질 것이다.

　이런 일상의 작은 습관들이 잊고 지냈던 작은 만족과 기쁨을 깨닫게 해준다. 이런 일상 속의 작은 습관들이 새로운 감정습관을 만든다.

6-5.

긍정을 부르는 말과 표정

사람에게 '말'이라는 것이 갖는 의미는 참으로 중요하다. 비록 겉으로 드러내지는 않지만, 생각도 사실은 말로 하게 된다. 또한 자신의 마음을 표현하고 이해하는 것도 결국은 말이라는 도구를 사용해야 한다. 따지고 보면 감정습관도 결국 말의 습관과 연결되어 있음을 알게 된다.

감정습관을 변화시키고자 한다면, 먼저 자신이 스스로에게 하는 말부터 살펴봐야 한다. 누구에게나 자기도 모르게 자신에게 하는 말들이 있다. 우리는 부정적인 말들을 속으로 수도 없이 되뇌인다.

그런데 문제는 이런 말들은 습관이 된다는 점이다. 그뿐만이 아니다. 이렇게 무심코 뱉는 말들의 힘은 생각보다 강력해서 자신의 생각과 감정을 좌지우지한다. 그러므로 가능한 한 부정적인 말 대신 긍정적인 말을 스스로에게 들려주어야 한다.

자신이 스스로에게 어떤 말을 하고 있는지 꼼꼼하게 살펴보자. 그 말의 내용이 자신의 감정을 만들어 낸다. 가능한 한 긍정적이고 희망적인 말을 하자.

또 긍정적이고 희망적인 이야기를 자신에게 할 때 속으로 하지 말고 큰 소리로 표현하는 것이 좋다. 이런 설명을 들으면 대부분의 사람은 어색해하며, 일부러 소리까지 낼 필요가 있냐고 반문할 것이다. 그렇다. 뇌에 있어 말하는 것과 듣는 것은 서로 다른 영역에 속한다. 자신이 한 말이지만 뇌는 남이 한 말을 듣는 것처럼 인식한다. 말하는 것과 듣는 것이 따로 움직이기 때문이다.

그러므로 자신이 스스로에게 위로의 말을 할 때는 그저 속으로만 생각하지 말고 큰 소리로 말해서 자기 자신이 듣도록 하자. 그러면 뇌는 마치 다른 사람이 자신을 위로해 주고 안심시켜 준 것처럼 받아들일 것이다.

'행복해서 웃는 것이 아니라, 웃어서 행복하다.'

'웃어라, 그러면 세상도 너를 향해 웃을 것이다.'

우리의 뇌는 자신의 얼굴 근육들이 지금 어떤 상태로 있는지, 즉 자신이 지금 어떤 표정을 짓고 있는지 항상 체크한다. 물론 기분에 따라 얼굴 표정이 달라지지만, 반대로 얼굴 표정에 따라 기분도 바뀐다.

불안한 표정, 우울한 표정, 찡그리는 표정이 하나의 인상으로 굳어져 있는 사람들이 있다. 표정을 짓는 것조차도 습관처럼 굳어진 것이다. 그렇게 되면 뇌는 자신의 표정을 체크하고 나서 표정에 맞는 불안하고 우울한 감정을 불러오게 된다.

우리의 뇌에는 '거울 뉴런'이라는 것이 있다. 거울 뉴런은 상대를 볼 때 마치 자신이 그 상대가 된 것처럼 느끼게 한다. 영화나 드라마를 볼 때 주인공과 하나가 되어 울고 웃을 수 있는 것도 이러한 뉴런이 뇌에 존재하기 때문이다. 이 뉴런의 작용은 생각보다 강력해서, 상대의 표정을 보기만 해도 우리의 뇌는 자신이 그러한 표정을 짓는 것처럼 착각하곤 한다. 그래서 그 같은 표정을 짓고 있는 상대의 기분과 비슷한 감정을 느끼는 것이다.

이 때문에 우리는 무의식적으로 표정이 밝은 사람을 가까이 하고 싶어 한다. 표정이 밝은 사람 옆에 있는 것만으로도 기분이 좋아지기 때문이다. 대부분의 사람들이 표정이 밝은 사람을 자신의 곁에 두길 원하니, 표정이 밝으면 대인관계가 좋아질 수밖에 없다. 그런 관계 속에서 더 많은 행복감을 느끼고 더욱 밝은 표정을 지을 수 있다. 행복의 습관이 시작되는 것이다.

자, 이제부터 아침마다 거울을 보고 자신의 표정을 살펴보는 습관을 기르도록 하자. 찡그리고 긴장된 표정이라면 일부러라도 밝은 표정을 연습하자. 억지로라도 미소를 짓자. 편안한 표정도 반복해보자. 그러한 밝은 표정을 습관화할 수 있도록 일상생활 중에도 틈틈이 시간을 내어 노력하자. 표정의 습관이 행복한 감정습관을 만드는 데 큰 도움을 줄 것이다.

6-6.
일상 속 의미 있는 것들

1995년 일본 고베 대지진 당시, 고베에 있던 51명의 치매 환자를 대상으로 흥미로운 실험이 진행되었다. 지진이 발생한 지 각각 6주와 10주가 지난 뒤 그들의 기억에 대해 평가한 것이다. 그들 중 대부분은 지진이 일어나기 전과 후의 일들에 대해서는 거의 기억하지 못했다. 그런데 90퍼센트 가까운 치매 환자가 지진이 발생했다는 사실만은 기억하고 있었다. 이것은 놀라운 일이었다. 방금 전까지도 밥 먹은 것조차 기억 못하는 중증 치매 환자들이 수 주일 전에 지진이 났었다는 사실을 알고 있었던 것이다.

윌리엄스와 가너는 이 실험의 결과에 대해 치매 환자들도 자신의 인생에서 의미 있는 사건들에 대해서는 기억할 수 있다고 결론을 내렸다. 요컨대 평소의 일상적인 활동 속에서도 의미라는 자극을 더하면 기억에서 사라지는 속도를 줄이고 정서적인 유대감을 유지하는 데도 도움이 될 거라고 해석했다.

위의 실험을 통해 알 수 있는 것처럼, 일상의 작은 행복을 기억하고 간직하는 또 하나의 방법은 우리의 행동과 주변 환경에 어떤 특별한 의미를 부여하는 것이다.

자, 이제부터 아침에 일어나서 가족의 얼굴을 볼 때 특별한 의미를 부여해 보자. 예를 들어, '한 주가 시작되는 월요일에 보는 가족들의 첫 모습이구나'라는 식으로 말이다. 아이스크림 하나를 사 먹을 때조차 예전에 먹었던 기억을 떠올려 보고, 그때와 지금을 비교해 보기도 한다. 그렇게 무언가 감정적인 느낌도 가져 보고, 지금의 순간에 의미를 부여하도록 하는 것이다.

한편, 직장에서 일할 때도 마찬가지로 위의 결과를 적용해 볼 수 있다. 매일 반복되는 지루한 일의 연속이더라도 그 안에서 의미와 가치를 찾으려고 해 보자. 자신이 지금 수행하고 있는 작업을 통해서 사람들에게 어떤 도움을 주고 있는지 매순간 생각하자. 또는 이 일을 해서 번 돈으로 내가 어떤 일들을 하려고 하는지, 그래서 이 일이 지금 나에게 어떤 의미가 있는지 찾아 보자.

마찬가지로 집안일도 이것을 적용해 볼 수 있다. 보통 많은 사람들은 하루 종일 지겨운 일들에 시달린다고 이야기한다. 재미도 없고, 집안일을 그저 노동으로만 여긴다. 이런 식으로 생각한다면 우리가 원하는 일상의 작은 행복을 찾기가 참 어렵다. 집안일도 힘든 육아도 그 안에서 작은 의미를 찾아야 한다. 사실 그것들의 중요성은 이미 다 알고 있다. 집안일이라는 것이 가족과 자신의 행복을 위해 얼마나 중요한가? 육아는 말할 것도 없다. 하지만 그저 가만히 있어서는 일상 속에서의 행복을 느낄 수 없다. 보다 적극적으로 나서서 자신이 하는 일들에 의미를 부여해야 한다.

쉬는 순간에도 이것을 적용할 수 있다. 무언가 의미를 가지고 쉬면 기분이 좋고 무기력감을 느끼지 않는다. 의미 없는 휴식은 게으름과 무기력, 죄책감을 유발한다.

일상이 지겹고, 사소한 즐거움 따위는 없다고 생각하는가? 돌아보면 작은 즐거움이 떠오르지 않는가?

그저 가만히 일상을 내던져 두지 말고 작은 의미라도 부여하고, 자신의 삶 속에서 오늘 하루가, 또한 자신이 이룬 작은 그 일이 어떤 가치를 가질 수 있는지 생각해 보자. 반복되는 하루라도 돌아보면 작은 즐거움을 찾을 수 있을 것이다. 무의미했던 우리의 반복되는 생활이 의미를 갖게 될 것이다.

숨어 있던 긍정적인 감정을 찾아내고 기억해 내는 또 하나의 방법은 바로 일상의 일들에 의미라는 시럽을 덧씌우는 것이다.

정서적으로 지나치게 예민한 사람은 자기 자신과 타인을, 그리고 세상을 판단하려는 성향이 짙다. 일상생활에서 감정에 지배당하지 않기 위해서는 이러한, 판단하는 태도를 버리는 것이 가장 중요하다. 자의적 판단과 편협한 시각을 지우고 상황과 결과에 대해서만 객관적이고도 정확하게 표현하는 연습을 해야 한다. 타인에게 너그러운 마음을 갖고, 이들이 악의가 아닌 선의를 바탕으로 행동하고 있다고 믿어야 한다. 힘든 일이겠지만, 계속 연습하다 보면 안정된 삶, 건강한 자아상, 굳건한 인간관계로 충분한 보상을 받게 될 것이다.

7장.

건강하고 의미 있는
삶을 위한 레시피

7-1.

사람은 누구나 외롭다

다른 사람들보다 정서적으로 예민한 사람들 대다수가 일정한 주기로 심각한 외로움을 겪는다. 학교나 직장에서는 다른 사람들과 일상적인 교류를 통해 잠시나마 외로움을 잊기도 하지만, 밤이 되면 혼자 집에 덩그러니 앉아 외로움이라는 감정에 젖는다. 특히나 다른 사람을 만날 일정이 없는 주말은 더욱 그렇다. 그들에게는, 친구나 사랑하는 사람들과 함께 보내지 못하는 휴일과 생일이 가장 고통스러운 시간이다. 심한 경우, 그들은 매일같이 외로움을 느끼기도 한다.

외로움을 극복하는 가장 분명한 해결책은 사람들과 어울리는 것이다. 그런데 혼자라는 것도 고통스럽지만 누군가를 사귄다는 것도 사실 힘들고 괴로운 일이다. 사람들과 어울리는 것이 어려운 이유는 거부에 대한 공포와 사람들에게서 평가를 받는다는 두려움 때문일 때가 많다. 전혀 모르는 사람들이라고 해도 그들에게서 거부를 당한다는 느낌을 받으면 순식간에 감정이 부정적으로 무너져 내린다. 다른 사람으로부터 거부를 당할 때 활성화되는 두뇌의 영역은 신체적 고통을 느낄 때 정서적 충격을 느끼는 영역과 동일하다.

이런 경우, 자기 자신만이 홀로 외롭다는 생각이 더 큰 외로움을 키운다. 강도의 차이가 있을지는 몰라도, 기본적으로 사람은 누구나 외로움을 느낀다. 만성적 외로움의 폐해는 의외로 심각하다. 자신의 감정을 통제하는 것이 힘든 사람에게 외로움은 정서적 고통을 배로 증가시킨다. 이뿐 아니라 만성적 외로움은 집중력과 주의력을 저하시키고 노화는 물론 심지어 죽음까지 앞당길 수 있다.

만약 다른 사람들과 인간관계를 맺는 것이 여전히 피하고만 싶은 것이라면, 혹시 다른 이유가 있는 것은 아닌지 고민해 보길 바란다. 자기 자신에 대해 자신감이 부족하거나, 다른 사람들은 당신에게 상처만 준다는 잘못된 신념을 갖고 있는 것은 아닌가? 그렇게 생각하고 있다면, 그런 생각은 명백히 사실이 아니거니와 잘못된 일반화에서 비롯되었다는 것을 깨달아야 한다. 우리는 조금만 더 열린 시각으로 세상을 바라볼 필요가 있다. 그러면 이내 자신의 신념이 틀렸다는 사실을 깨닫게 될 것이다.

우리가 사는 이 세상에는 다양한 사람이 존재한다. 자신에게 좋은 친구가 되어 주지 못한 사람도 있었겠지만, 분명히 좋은 친구가 된 사람도 있다. 만약 자신이 누군가와 우호적인 관계로 지내지 못했다 해도, 자신이 앞으로도 계속 다른 사람들과 친구가 될 수 없다고 생각해선 안 된다.

만약 사회성이 부족하다면 심리 치료사와 상담을 하거나 관련 책을 읽어 보는 것으로 해결할 수 있다. 만약 일상적인 대화에 너무 예민하게 반응하는 것이 문제라면 다른 사람과 편안하게 긴장을 풀고 대화를 주고받는 방법을 꾸준히 연습하는 것이 해결책일 수 있다. 만약 자기 자신을 무력하게 방치하는 탓에 친구나 다른 사람을 사귀고 싶은 생각이 들지 않는다면, 우울증 치료를 통해 문제를 해결할 수 있다.

　　여기서 중요한 것은, 사람들과 교류하고 우정을 쌓는 것을 거부하는 이유가 무엇에 기인하는 것인지 알아야 혼자이기를 선택하든 대인관계를 위해 노력하든 결정을 내릴 수 있다는 사실이다. 아직은 다른 사람들과 관계를 형성해 나갈 준비가 안 되었다고 판단되면, 우선적으로 외로움을 느끼는 자신을 스스로 부정적인 시선으로 비판하는 것을 멈추는 방법부터 배워야 한다. 동시에 다른 방식의 의미 있는 교류를 통해 외로움이 주는 고통을 줄여 나갈 필요가 있다.

다양한 유대감을 경험하자

우리는 자신이 좋아하는 일들로 자신의 삶을 채워 나갈 권리가 있다. 정원 가꾸기, 독서, 산책같은 사소한 일이라면 무엇이든 좋다. 이렇게 사소한 일을 할 때는 자신의 마음을 챙기는 태도로 임해야 한다. 일을 통해 온전히 몰입할 때 비로소 소속감과 유대감을 느낄 수 있다. 하지만 어느 순간 집중력이 흐트러지거나 비관적인 생각이 떠오르는 것은 지극히 당연한 일이다. 이때는 다시금 마음을 잡고 현재 하고 있는 일에 정신을 집중시키도록 노력하면 된다. 그것이 어떤 활동이건 간에 그 일을 하는 동안 자신의 신체에 전해지는 감각에 온전히 집중한다. 현재 자신의 일에 집중하고 부정적인 생각을 버릴수록 더욱 즐겁고 값진 경험을 하게 될 것이다.

사소한 집안일 외에 창의적인 활동에 몰입하는 것도 좋다. 그림 그리기, 글쓰기, 요리하기, 사진 찍기, 영상 촬영하기, 실내 장식하기, 음악 듣기, 꽃꽂이, 미술관 방문하기 등 할 수 있는 활동은 다양하다. 자신의 창의적인 열정을 불태울 수 있는 활동이면 무엇이든 좋다. 그러한 활동을 통해 스스로 살아 있음을 느끼고, 자신이 이 세상의 한 부분으로 존재한다는 건강한 소속감을 얻을 수 있다.

어떤 사람은 사회적인 활동이나 봉사를 통해 소속감을 얻기도 한다. 자신의 직업과 관련된 활동을 찾을 수도 있지만 반드시 그럴 필요는 없다. 굶주린 사람들에게 음식을 제공하거나 인권 보장을 위해 싸울 수도 있다.

한편, 혼자의 힘으로도 세상과 적극적으로 소통할 수 있다. 친구나 다른 사람들과 함께하고 싶었던 일들을 혼자서 해보는 것도 좋다. 자기 혼자서 외식을 하거나 홀로 영화관에서 영화를 본다는 것이 처음에는 어색할 수 있지만 시간이 지날수록 점차 편안해질 수도 있다. 다른 사람보다 정서적으로 예민한 사람들은 공원이나 호수에 가거나 수목원을 산책하며 자연속에서 세상과 하나가 되는 경험을 하는 것을 추천한다.

그도 아니면, 역사를 공부하며 과거와 유대감을 느낄 수도 있다. 역사적 장소를 여행하며 자신이 전체 인류의 한 부분임을 느껴본다. 자기 가족의 역사와 족보를 공부하면 과거와 더불어 현재의 세대를 더욱 깊이 이해하게 되어 밀접한 유대감을 가질 수도 있다.

영성에 대해 생각해 보는 시간을 갖는 것도 도움이 된다. 종교의 종류와는 상관없이 자신보다 더욱 큰 존재에게 닿을 때 사람은 위안을 얻곤 한다.

자신이 직접 돌보며 키우는 반려동물 또한 최고의 친구가 되어 줄 수 있다. 강아지를 입양하는 것도 고려해 보자. 보호소에서 자원 봉사를 하거나 임시로 동물을 보호하며 동물을 돌봐주는 경험은 자존감을 높이는 데도 도움이 된다.

TV, 컴퓨터, 휴대폰 등은 사람간의 관계를 형성할 시간과 의욕을 앗아갈 수 있다며 경고하는 사람들이 많다. 하지만 반대로 생각해보면 TV프로그램, 모바일게임 등은 다른 사람들과의 유대감을 쌓는 수단으로 쓰이기도 한다. 특히 TV프로그램은 회사나 사석에서 대화의 주제로 자주 오르내리며 이로인해 자연스럽게 동료들과의 대화에 참여하게 되며 유대감을 형성할 수 있다.

만약 평소에 불안감을 느낀다면 사람들과 어울리는 것이 더욱 어려워지는 게 당연하다. 두뇌는 방어적으로 변하고 신경이 날카로워져 사람들을 열린 마음으로 여유롭게 대할 수가 없게 된다. 그럴 때는 다음의 훈련이 도움이 될 것이다.

| 불안감을 이겨내는 훈련 |

큰 불안감을 야기하지 않는 곳으로 외출하는 자신의 모습을 상상해 본다. 마트나 규모가 작은 파티도 좋다. 처음에는 당연히 불안감을 느낄 것이다. 이때 사람들 속에서 느끼는 그 불안감을 있는 그대로 느끼고 인정하는 것이 중요하다. 그러다 보면 시간이 지날수록

불안감이 조금씩 낮아지는 느낌을 경험할 것이다. 정해 둔 훈련시간이 끝난 후에는 점진적 이완법이나 호흡법을 통해 몸에 남아 있는 긴장을 완벽히 해소한다. 틈틈이 훈련을 계속하면 확실히 불안감의 강도가 점차 낮아지는 효과를 체감할 것이다.

이후에는 공원이나 도서관처럼 약간 어색하겠지만 크게 두렵지는 않은 수준의 장소에 나가 본다. 사람들이 북적대는 시간대를 노려 보는 것도 좋다. 불안감이 커질 수 있지만 그 감정을 그대로 인식한다. 얼마간의 시간이 흐른 뒤, 또는 불안 정도가 낮아지고 나면 마찬가지로 점진적 이완법이나 호흡법을 실행한다. 그러고 나서 다시 해당 장소에 들어가길 반복하다 보면 불안감이 현저하게 줄어들 것이다.

다른 사람과 관계를 맺어가는 과정에 익숙해진 후에는 친근함을 표현하는 법을 배울 차례이다. 화법만큼 중요한 것이 보디랭귀지이므로 자신이 다른 사람에게 취하는 제스처에 주의를 기울여야 한다. 입으로는 반갑다고 말하면서 긴장된 얼굴을 하고 있다면 상대방은 당신의 말을 믿지 않을 것이다.

거울에 자신의 모습을 비춰 보고 사람들과 함께 있다는 조금은 낯설고 두려운 상상을 하며 얼굴 표정을 관찰한다. 그런 뒤 당신이 정말 좋아하는 사람이나 가고 싶은 장소를 떠올린다. 편안한 자세와 더불어 자연스럽게 따뜻한 미소가 자연스럽게 나올 때까지 거울

앞에서 계속 연습한다. 자연스럽고 따뜻하며 호감 가는 모습을 보일수록 사람들은 당신에게 긍정적으로 반응한다.

공공장소 중에서도 비교적 마음이 편안해지는 친숙한 곳으로 향한다. 걷는 동안 고개를 들고 미소를 띤다. 그동안 자신의 집에서 심혈을 기울여 연습했던 자세를 떠올린다. 큰 불편함 없이 미소를 짓고 인사를 할 수 있게 되면 이제는 좀 더 낯선 장소나 작은 상점처럼 공간이 좁은 곳으로 가서 자세와 인사를 연습한다. 앞의 경우가 성공하게 되면, 다음으로는 장소에 구애받지 말고 밝은 표정과 인사를 시도한다.

7-3.
새로운 관계 맺기

작고 소소한 잡담을 나누는 방법을 익히거나, 과거의 관계를 회복하는 방법을 배우는 등 사람들과 교류하는 방법은 참으로 다양하다. 그러나 다른 어떤 것을 시도하기에 앞서 우선은 고립의 틀을 깨야 한다.

자기 홀로 고립된 채 생활하고 있다면 자원봉사야말로 자신만의 갇힌 틀을 벗어나기에 가장 좋은 방법이다. 도움이 필요한 다양한 계층의 사람들을 위한 자원봉사를 생각해 볼 수 있다.

자신이 누군가에게 도움을 줄 때 상대방과의 인간관계 및 유대감을 쌓는 것이 한결 수월해진다. 자기 자신은 봉사활동에 뜻이 없다 해도 이를 사람들을 사귀고 그들과 진심으로 소통하는 계기로 삼을 수 있다. 서로 주고받는 호혜적 상호작용이 진실한 인간관계를 탄생시키는 법이다.

사람들 사이의 관계는 보통 호혜성을 기반으로 시작될 때가 많다. 호혜란 서로 동등하게 주고받는 행위를 의미한다. '테이커(받는 사람'든 '기버(주는 사람)'든 자신의 역할이 한 가지로만 굳어진다면 건강한 관계로 발전하기 힘들다.

다른 사람들보다 정서적으로 예민한 사람은 잡담을 의미 없는 행위라고 여길 때가 많다. 그러나 일상 속의 작고 소소한 이야기로 대화를 시작해야, 이후 더 깊고 사적인 이야기까지 자연스럽게 나눌 수 있게 된다. 또한 함께 나누는 잡담은 상대방에게 관심이 있다는 표현이자 서로 어떤 공통점이 있는지 알아가는 과정이기도 하다.

만약 자신이 다른 사람보다 말수가 적은 편이라면 다른 사람의 이야기를 주의 깊게 들어 주는 편을 택하자. 비록 자신은 관심이 없는 주제라도 상대방에게 질문을 하거나 상대방의 말에 호응을 보일 필요가 있다. 자신과의 공통점 뿐 아니라 상대가 좋아하거나 싫어하는 것이 무엇인지 호기심을 보이는 것도 좋은 방법이다. 상대방과 뜻하지 않게 의견 충돌이 일어났을 때는 반대 의사를 밝히면서도 상대방의 관점을 인정하고 이해하는 태도를 잃지 말아야 한다. 또 상대방의 생각과 기호를 자신의 잣대로 판단하지 말아야 한다.

우리가 진정으로 바라는 것은 상호 호혜적이고 장기적인 인간관계이다. 어느 순간, 상대방에게 짜증이나 불편함을 느낄 수도 있겠지만, 이럴 때에도 우리는 인간관계 형성의 근본적인 목표에 집중해야 한다.

소중한 관계를 잃고 나서, 지나고 보니 상대방과 두 번 다시 보지 않겠다고 결심한 계기가 사실 별것도 아닌 일이었다면 다시 관계를 회복하기 위한 시도를 해보는 것도 괜찮은 방법이다. 오랫동안 연락하지 않았던 친구에게 전화를 할 때, 긴장되고 어색한 기분이 들 수 있다. 어쩌면 상대방은 다시 자신과 좋은 사이로 지내볼 생각이 없을지도 모른다. 그러니 자신의 입장에서는 거절당할 수도 있다는 마음의 준비를 미리부터 해야 한다.

그뿐만 아니다. 우리는 관계의 공평성에 대해서도 고민해야 한다. 상대방도 관계가 망가지는 데 일부 책임이 있었는데 왜 자신이 먼저 손을 내밀어야 하는지 마땅찮은 생각도 든다. 상대방에게 다시 연락을 할 때 벌어질 수 있는 다양한 상황에 대해 미리 생각해 보고 어떻게 상대방과의 대화를 풀어나갈 것인지 구체적으로 계획을 세우는 편이 좋다.

이러한 경우에는, 다시 관계를 회복하고 싶은 자신의 마음과 의도를 상대방이 잘 느낄 수 있도록 표현해야 한다. 본인의 어떤 실수 때문에 관계가 망가졌는지 솔직하게 적은 카드를 보내는 것도 하나의 좋은 방법이다. 만약 상대방도 반응을 보인다면 두 사람 사이의 균열이 생긴 이유에 대해 간략하게나마 진솔한 대화를 나눠 보자. 자신의 입장에서는 상대방의 잘못도 짚고 넘어가고 싶은 마음이 들겠지만, 먼저 대화를 신청했으니 자신이 잘못한 점에 대해서만 밝히는 편이 좋다. 예상과는 다르게 상대방이 본인의 잘못에 대해 사과

하지 않을 수도 있다. 그렇다고 해서 상대방과의 관계를 회복할 수
없다는 의미는 아니다. 함께한 지 오래된 관계라면 예전의 잘못이나
갈등은 묻어두어야 할 때도 있다.

학대는 견디는 것이 아니라 떨치는 것이다

대부분의 학대는 복수를 하고자 하는 강한 열망 속에서 자라난다. 아내 또는 남편, 친구, 동료, 가족 등을 학대하는 행위 뒤에는 거의 대부분 복수심이 도사리고 있다. 학대는 대부분 과거의 어떤 일에서 비롯되었다. 그리고 지금 확연하게 벌어지는 학대 행위는 빙산의 일각에 불과하다. 피학대자는 어떤 식으로든 학대자에게 의존하고 있다. 학대자는 피학대자라는, 자신의 복수심을 분출할 만한 사람을 발견한 것이다. 안타까운 사실은 학대자에게 신뢰와 사랑을 보냈던 사람들이 오히려 학대의 대상이 되는 경우가 대부분이라는 점이다.

어처구니없게도 학대는 매우 다양한 방식으로 나타나며, 심지어 학대당하는 당사자조차 인식하지 못하는 채로 일어나기도 한다. 학대는 어릴 때 학대받았던 경험이 그대로 현재에서 실행되는 경우가 많다. 그들은 친숙한 상황을 조성함으로써 편안함을 느낀다. 그들은 어릴 때의 경험으로 인해, 처벌받고 억압받고 모욕받는 것이 곧 사랑받는 것이라고 착각한다. 그들은 사랑과 학대를 동일시한다.

학대는 실로 다양한 방식으로 나타난다. 아주 사소하게 시작되어 점점 심해지는 경우가 대부분이다. 학대가 일어나는 방식을 예로 들어보면 지속적인 비난, 공공연한 창피 주기, 무의미하거나 불가능한 요구, 억압적이고 소유적인 태도, 다른 사람으로 인한 피해를 뒤집어씌우기 등이 있다. 여기에 더해 무시, 조롱, 당연한 요구를 거절하는 일도 학대에 포함된다. 또한 여기저기 바람을 피우고 다님으로써 상대방(반려자)의 마음을 괴롭히는 것도 학대에 포함될 수 있다.

학대자로부터 학대받는 사람은 자존감에 심각한 상처를 입는다. 그들은 자신을 형편없는 바보, 또는 매력 없는 사람으로 생각한다. 따라서 오랫동안 학대를 받아 온 사람은 자기 정체성을 되찾기 어렵다.

안타깝게도 피학대자 중에는 학대 관계에 중독되는 사람들이 있다. 그렇기 때문에 그들은 학대자와 헤어지면 또다시 비슷한 사람을 만난다. 그들의 낮은 자존감과 자기혐오는 스스로 학대를 불러일으킨다. 실제로 많은 사람이 학대받는 것에 집착하고, 인격적으로 또는 성적(性的)으로 그런 욕망을 표현한다. 학대받지 않으면 안정감 또는 성적 흥분을 느끼지 못한다. 이런 증상을 전문 용어로는 마조히즘(고통과 굴욕을 통해 쾌락을 추구하는 병적인 심리상태)이라고 부른다.

한편, 몇몇 사람들은 학대를 견뎌냄으로써 자신의 강인함을 증명하려고 한다. 그들은 자신이 얼마나 더 큰 고통을 견딜 수 있는지 시험하듯 학대받는 상황을 견뎌낸다. 그들은 고통이 자신을 강하게 만들고 죄를 씻어 준다고 믿는다. 이처럼 세상에는 고통과 학대를 합리화하는 많은 논리가 존재한다.

학대 관계라는 덫에 갇힌 사람들은 일부러 학대받을 수 있는 상황을 조성한다. 그들은 거칠고 음란하고 잔인한 이성(異性)에게 많은 관심을 보인다. 그들은 그런 사람들을 끌어당기고, 자신도 사람들 앞에서 그렇게 행동한다. 그들은 착하고 친절한 사람은 지루하고 따분하다고 생각한다. 그들은 재미가 없다는 이유로 친절한 사람들과의 관계를 거부한다. 그들은 흠을 잡기 어려운 인격적으로 훌륭한 이성과 마주하는 일을 스스로 피한다. 그리고 더 이상 학대받지 않아도 되는 행복한 삶을 누리기보다는 다른 사람에 대한 부정적 이미지를 지속하는 길을 택한다.

자신은 행복을 누릴 가치가 없다는 생각 속에서 학대 관계만을 찾아다니는 사람들이 있다. 그들은 부모의 억압, 또는 뿌리 깊은 죄책감 등으로 인해 자신이 당연히 받아야 하는 훌륭한 대우를 받는 것 자체를 고통스러워한다. 또는 행복을 안겨준 사람이 갑자기 사라졌을 때 찾아올 엄청난 상실감을 미리 염려한 나머지 처음부터 행복을 피하는 사람이 있다.

혹은 완벽한 행복은 곧 죄악이라고 여기고 차라리 다른 사람들처럼 고통받는 것이 낫다고 생각하는 사람들도 많다. 그들 중 대부분은 큰 행복 뒤에 찾아올 나쁜 일들을 미리 걱정한다. 그런 생각들을 관찰해 보면, 누구나 조금씩은 '지금 나는 행복과 사랑을 얻을 자격이 없어'라는 부정적인 신념을 지니고 살아간다는 사실을 발견할 수 있다.

경훈은 직장에서 자신의 상사가 원하는 것은 무엇이든 해야 한다고 생각했다. 그는 상사의 모든 지시를 이행했으며 그 이상을 미리 준비했다. 경훈은 무엇보다도 상사에게 인정받고 신뢰를 얻고자 노력했다. 그는 일을 많이 할수록 더 좋은 기회를 얻을 것이라고 믿었다.

반면 상사는 자신에게 인정받고자 하는 경훈의 욕망을 눈치채고는, 많은 업무를 맡겨 늦게까지 일하게 하거나 개인적인 심부름까지 시켰다. 적당한 경계를 그을 줄 몰랐던 경훈은 그저 모든 지시를 묵묵히 따랐다. 처음에 경훈은 그 대부분이 부당한 지시라는 사실조차 깨닫지 못했다.

상사가 불평을 하자 경훈은 불안해졌다. 경훈은 상사를 만족시킬 수 없었다. 아무리 열심히 해도 상사는 경훈의 노력과 결과를 무참히 깎아내렸다. 심지어 사람들 앞에서 경훈에게 창피를 주거나 고함을 치기도 했다.

이렇듯 경훈은 자신도 모르는 사이에 학대 관계에 끌려 들어갔다. 능력을 인정받겠다는 강한 욕구로 인해 경훈은 적절한 대응을 하지 못했고, 그 상황에서 어떻게 벗어나야 하는지도 알지 못했다.

7-5.
편견에서 벗어나기

    일부 사람들의 경우이기는 하지만, 우리는 아이들을 가르칠 때 편견에서 비롯된 관점으로 대하는 경우가 많다. 아이들의 경우처럼, 자신만의 정체성과 가치관을 형성하는 시기의 사람들은 특정 집단의 일원으로서, 다른 집단과의 차이점을 통해 자신을 규정한다. 우리 모두는 각자 분리되고 구분된 개체이지만, 모든 미덕과 장점 등 긍정적인 특성들을 우리가 속한 집단에게로 끌어온다. 그리고 두려움과 혐오감을 일으키는 부정적인 특성은 다른 집단의 문제로 치부해 버리는 경향이 있다. 우리의 입장에서 보면, 다른 집단에 속한 사람들은 왠지 위험하게 느껴지고, 접근하기가 꺼려지며, 비난당해도 마땅한 사람들로 여겨진다. 대개 많은 경우, 그들은 버스에서도 뒷자석에 앉기를 강요받곤 한다. 우리는 그들을 거부하고 멀리 내쫓는 한편, 모든 종류의 악행과 난폭함의 주범으로 매도한다. 요컨대 증오 범죄(인종, 종교, 신조 등에서 비롯된 편견과 증오심을 바탕으로 하는 범죄)와 각종 전쟁은 바로 여기서 비롯된다.

대부분의 사람들이 가지고 있는 다른 성별, 인종, 종교에 대한 편견의 바탕에는 또 다른 면이 있다. 이것은 흔히 '그림자 투사'라고 불린다.

심리학자 로버트 블라이의 이론에 따르면, 모든 사람은 각자 스스로 인정할 수 없는 부분(그림자)을 갖고 있다. 예를 들어 자신의 내면 속에 억압된 분노가 가득 차 있는 사람은 그 분노를 겉모습이 다른 사람들(다른 성별, 인종, 종교)에게 투사한다. 이렇게 자신의 분노를 외부로 투사함으로써, 오히려 다른 집단 사람들이 분노에 차 있으며 위험하다고 인식한다. 정말로 위험한 것은 바로 자기 내면의 분노이지만, 그것은 적절히 해소되지 못한 채 외부로 투사된다. 이것은 자기 자신의 내면의 분노를 계속 외면한 채 방치하겠다는 뜻이나 다름없다.

이런 과정은 단지 분노뿐만 아니라 탐욕, 성욕 등 부정적이고 반사회적으로 느껴지는 모든 감정에서 공통으로 벌어지는 일이다. 동성애적 성향이 있으나 그런 자기 욕구를 혐오하고 두려워하는 사람들은, 오히려 자신이 가지고 있는 그 거부감을 외부 동성애자들에게 투사한다. 그들은 다른 동성애자를 조롱하고 힘으로 응징함으로써 자신의 동성애적 충동과 감정을 애써 지워 버리고자 한다.

특히 이런 투사는 자신이 가진 종교와는 전혀 다른 종교를 가진 사람을 만났을 때 매우 강력하게 일어난다. 이처럼 (왜곡된) '신의 반역자'에 대한 글을 수많은 경전 속에서 찾아볼 수 있다. 사람들은 그 '반역자'가 신앙을 공유하지 않는 '이교도'라고 이해했다. 그리고 이런 종교적인 왜곡은 신의 깃발을 펄럭이며 엄청난 살인과 고문과 파괴가 자행되는 결과를 빚었다. 자신들이 가진 종교와는 다르다는 이유로 붙여진 '신의 반역자'라는 꼬리표는 무자비한 학대와 광기를 정당화하는 도구로 사용되었다.

만약 종교적 학대를 시행하기 전에 그 경전들을 더 면밀히 검토했다면, 오히려 그 속에서 인류의 공통적인 가치를 발견할 수 있었을 것이다. 또한 '신의 반역자'라는 말의 진정한 뜻은 바로 각자 자신의 마음속에 도사리는 혼란과 고통이라는 사실도 깨달았을 것이다.

요컨대 많은 사람들이 자신의 내면의 그림자를 다른 사람들에게 투사하는 대신, 마치 진짜 그림자를 보듯이 내면을 들여다보고 세상 밖에서 보는 모든 어두운 면이 우리 내면에도 자리 잡고 있음을 깨달아야 한다. 다시 말하지만, 그것을 있는 그대로 발견해야 한다. 자신의 내면 속에 도사리는 어둡고 부정적인 면을 발견하고 해소하고 책임진다면, 많은 사람들이 자신의 본모습 그대로 존재할 수 있고 또 정당하게 평가받을 수 있다. 이렇듯 모든 조건이 충족되는 상황에서야, 모든 사람이 조화를 이루고 평화롭게 살 수 있다. 사람 또는 집단 간의 차이점은 불안하고 부정적인 요소가 아니라 오히려 긍정과 아름다움의 원천으로 기능한다. 우리는 인류의 공통적인 본성이 다양한 방식으로 발현되는 것을 볼 수 있다. 이것이 바로 모든 경전에 담겨 있는 진정한 가르침이다.

7-6.

심리적 유연성을 유지하라

자기 자신만의 생각에 골몰한 나머지 허우적거리며 빠져나오지 못하는 상황을 '인지적 융합'이라고 한다. 예컨대 어떤 사람이 '나는 완벽해야 해' '나는 실수가 없어야 해'라는 생각에 골몰해 있다면 생각과 행동이 완벽함에 매이게 된다. 우리의 내면에는 생각하는 자아도 있고 그것을 관찰하는 자아도 있다. 우리 모두는 자신의 생각을 관찰할 수 있다. 우리는 스스로 자신의 생각이 지나치게 편향되어 있지는 않은지, 합리적인지, 자신에게 도움이 되는 생각인지 관찰을 통해 구분한다. 마치 자기 자신의 일부가 자신을 떠나 있는 것처럼 자신을 관찰하는 것이다.

만약 생각하는 자아가 전체 자신의 내면을 대변하는 것처럼 살아가면 심리적으로 경직된다. 생각하는 대로 행동해야 한다고 경직된 태도로 믿어 버리기 때문이다. 그렇게 되면 결국, 행동이나 태도가 고집스러워지고 자신의 생각이 옳다는 믿음에서 벗어나지 못한다.

심리적으로 유연성이 떨어지는 사람은 '반드시 해야 한다' '나는 ○○한 사람이다' '사람이라면 반드시 ○○해야 한다'는 경직된 사고에 빠져 있다. 안타깝게도 이런 사람들은 이쪽이든 저쪽이든 결론이 나지 않은 모호한 상황을 견디기 힘들어한다. 특히 사람의 마음이나 정서를 다루는 데 어려움을 느낀다. 사람의 마음이란 본디 이분법으로 구분하기 힘들고, 항상 좋은 감정과 나쁜 감정이 섞여 있어 어떻게 보면 좋기도 했다가 때로는 나쁘게 보이기도 하기 때문이다. 요컨대 사람의 내면처럼 모호하고 모순적인 것을 다룬다는 것은 심리적 유연성이 떨어지는 사람에게는 어려운 일일 수밖에 없다.

그들에게는 인간관계도 역시나 어려운 일이다. 그들은 자기 자신에게 엄격할 뿐 아니라 남들에게도 '이래야 한다 혹은 저래야 한다'며 강요하기 때문이다. 다른 사람의 생각이 자기 생각과 맞지 않으면 화를 내고 비난한다. 자신만의 경직된 생각의 틀에 자신과 다른 사람을 모두 끼워 맞추기 때문에 괴로울 수밖에 없다.

이런 사람들에게는 자기 생각을 꾸준히 관찰하는 연습을 하는 것이 좋다. '나는 완벽해'가 아니라 '나는 지금 완벽해야 한다는 경직된 생각을 갖고 있구나' 하며 스스로를 관찰하는 것이다. '나는 완벽하지 않으면 미칠 것 같아'가 아니라 '나에게는 완벽해지기를 바라는 열망이 크게 자리 잡고 있구나'라고 자기 자신의 내면과 욕망을 있는 그대로 바라보는 것이다.

또한 이런 사람들은 자신의 내면과 일정하게 거리를 두겠다는 인식이 필요하다. 조금만 생각을 바꿔 내면의 상상력을 동원해서 자기 삶을 관찰하면 '내가 남들에게 이런 모습으로 보이는구나' '이건 내가 원했던 내 모습이 아니야'라고 깨닫게 된다. 다시 말해, 자신을 3인칭으로 상정하고 자기 모습을 관찰하기만 해도 다음에는 조금 다르게 행동해 보자는 마음이 자연스럽게 생겨난다. 자아를 관찰하는 힘을 키우면 내가 진정 원하는 방향으로 내가 조금씩 달라진다.

7-7.
우울을 이기는 법

현대사회에는 위안과 위로의 책들이 넘쳐난다. 그만큼 우리 사회에 우울증이 만연하다는 반증일 것이다.

우울증은 생활습관에서 비롯되는 질환이다. 당뇨병이나 고혈압처럼 약물과 함께 생활습관을 통제하고 관리해야 치료되기 때문이다. 탄수화물 섭취를 조절하지 않고 운동을 게을리 하면 당뇨 증세가 악화되는 것처럼, 항우울제만 복용하며 신체활동을 하지 않고 건강한 식사와 수면시간을 제때 지키지 않으면 우울증에서 영영 벗어날 수 없다.

대부분의 사람들이 그날그날의 기분에 하루가 좌우된다. 기분에 따라 생각과 행동이 변하기도 한다. 사고보다 기분이 앞선다고 할 수 있다. 머릿속에 머무는 생각을 바꾸면 그날의 기분이 달라진다고 흔히 말하지만 실제로는 그렇게 잘 되지 않는다. 아니, 오히려 그 반대라고 말할 수 있다. 이를 '정서 우선주의'라고 한다. 감정을 관장하는 변연계의 작용이 사고를 지배하는 전두엽의 활성도보다 우선하기 때문이다. 우울감에 빠져 허우적대고 있을 때는 긍정적인 생각을 아무리 떠올려 봐도 기분이 쉽게 바뀌지 않는다는 걸 우리는 경험으로 이미 잘 알고 있다.

일단 기분이 우울해지면 '나는 아무것도 할 수 없고 아무것도 못 할 것 같아'라는 느낌이 자신의 내면 세계를 지배한다. 하지만 비록 이런 상황에 처했다 하더라도 활동을 아주 잘게 쪼개면 적은 의욕으로도 할 수 있는 무언가를 찾아낼 수 있다. 매일 아침, 일정한 시간에 일어나는 것만으로도 기분을 전환하는 데 큰 도움이 된다. 아침에 잠자리에서 일어난 후에는 따뜻한 물로 샤워만이라도 해보자. 이것도 못 하겠다고 하면 아침에 일어나서, 그대로 외출해도 부끄럽지 않을 옷으로 갈아입기라도 해 보자. 굳이 잘 차려입고 있을 필요는 없다. 갑작스레 손님이 집에 찾아왔을 때 황급히 옷을 갈아입어야 할 정도만 아니면 된다. 따뜻한 햇볕을 쬐며 걸으면 기분 전환에 좋지만, 그것도 힘들다고 하면 누워 있지 말고 창가에 앉아 햇볕을 쬐어 보자. 만약 자신이 우울증에 빠져 있는 주부일 경우, 외출 약속이 없어도 간단한 기초화장 정도는 꼭 하자.

우울증 치료에 가장 효과적인 활동 하나를 꼽으라면 그것은 단연 운동이다. 운동을 하면 세로토닌의 합성과 분비가 늘어나는데, 특히 대뇌피질과 기억력을 담당하는 해마의 세로토닌 활성도가 증가한다. 달리기를 한 뒤에 뇌 PET(양전자 단층촬영) 검사를 해보면 엔도르핀 농도가 대뇌피질과 변연계에서 높아진다는 것을 확인할 수 있다. 유산소 운동을 규칙적으로 하면 전두엽의 회질과 뇌량의 백질 부피가 늘어난다.

몸부터 천천히 움직여 가며 행동을 활성화하는 것이 우울증 치료에 제일 중요하다. 지뿌둥한 몸을 움직이다 보면 자기도 모르게 기분이 바뀐다. 또 몸을 움직이다 보면 우리의 정서가 자극을 받아 변하기 시작한다. 머릿속에 가득 들어 있는 부정적인 생각도 몸으로 털어 버려야 한다. 그렇다. 움직이면 생각이 달라진다. 기분에 따라 행동을 결정하는 것이 아니라, 자신의 몸을 꾸준히 움직이다 보면 기분이 바뀌고 생각도 바뀐다. 기분은 생각이나 의지로 바뀌는 것이 아니라 단순히 실행하는 행동으로 바꿀 수 있다. 기분은 절대로 저절로 좋아지지 않는다.

행복해지고 싶은가? 만약 그렇다면 생각만 긍정적으로 한다고 행복해질 수 없다. 그저 마음을 편히 먹는다고 우울이 사라지지 않는다. 병원에서 처방받은 항우울제는 우울 증상을 없앨 수는 있어도, 일상으로 되돌아오게 하는 회복탄력성을 키워 주지는 않는다. 자신의 삶을 의미 있게 만드는 생산적인 활동을 추구하면서 늘 활동 상태에 있기 위해 노력한다면 일상의 스트레스에 대한 면역력이 길러진다. 다시 말해, 우울한 기분이 들어도 우울증으로 이어지지 않게 예방할 수 있다는 말이다. 우울증 치료의 핵심은 행동을 활성화하고 삶에 적극적으로 참여해서 몸의 경험을 쌓아 나가는 것이다.

Tip

대부분의 우울증은 자신에 대해 지나치게 나쁘게만 생각하기 때문에 생긴다. 우리는 모든 면에서 자신을 탓한다. 자신을 실패자, 바보, 얼간이로 규정하고 자신의 판단을 신뢰하지 않는다. 또 실패하는 것이 마땅하다고 생각하고는 스스로 일이 꼬이도록 만든다. 이것은 자신을 무능력하게 만들고 우울증과 절망감을 초래하는 행동이다.

반면, 포용력은 안정감과 용기가 겉으로 표현된 것이다. 포용력은 자기 비하를 멈추고 치유와 성장을 시작하게 한다. 또한 내면에서 잠자고 있는 많은 자원을 이끌어내고 성장에 힘을 실어 준다.

당신의 삶 속에서, 자신감을 갖고 닥쳐오는 일에 잘 대처했던 시기를 찾아보라. 그때의 상황을 간략히 적어 보라. 그때 당신은 어떤 사람이었는지 묘사해 보라. 어떤 내적 자원이 그때 당신을 그처럼 유능하게 만들어 주었는지 생각해 보라.

타고난 내적 자원은 결코 사라지지 않는다는 사실을 인식하라. 눈에 보이지 않더라도, 언제든지 다시 불러낼 수 있다. 그 자원들은 당신의 삶 전체를 위해 준비된 것이다. 오늘 그중 하나를 불러내고 오늘 하루를 함께하라. 그것이 만들어낸 새로운 행동과 결정에 따르라. 그것에 집중하라. 그 자원을 의식적으로 활용하라.

큰 목표를 추구하는 사람은 우울함을 느끼지 못한다. 큰 목표에 집중된 생각과 행동은 활기와 에너지를 공급한다. 또한 그것은 편안한 기분도 만들어낸다. 당신의 삶에서 큰 목표를 찾아보라. 당신은 지금까지 무엇을 목표로 삼아 왔는가? 지금은 무엇을 목표로 삼을 것인가? 자신에게 의미가 있는 목표를 향해 발걸음을 조금 옮겨 보라. 그것이 바로 우울증을 물리치고 밝은 빛으로 나아가는 길이다.

8장.

깊고 만족스러운
인간관계를 위하여

8-1.

건강한 인간관계를 위하여

인간관계란 지속적으로 연락을 주고받고, 시간과 에너지를 투자해야 하며, 때로는 인내심을 필요로 하는 활동이다. 이렇듯 사람들과의 관계를 건강하게 이어가기 위해서는 잘 거절하는 방법을 배우는 것도 중요하다.

다른 사람의 부탁이나 요구를 좀처럼 거절하지 못하는 것이 문제일 수도 있고, 어쩌면 너무 자주 거절하는 것이 문제가 되는 경우도 있다. 난처한 듯 너무 소극적으로 거부 의사를 밝혀 다른 사람들이 이를 제대로 받아들이지 못하거나, 너무 강하게 거부하는 바람에 화가 난 것처럼 보일 수도 있다. 누군가의 요구나 초대를 거절할 때 너무 자세하게 사유를 설명하거나, 수락하지 못하는 것에 대해 과하게 사과를 하기도 하는데, 이러한 태도는 관계 속에서 거북함과 긴장감만 생기게 할 뿐이다.

거절할 때는 분명하게, 또한 자신의 진심을 담아 의사를 밝혀야 한다. 눈을 맞추고 확고하지만 거북스럽지 않은 목소리로 말한다. 간접적으로 에둘러서 표현하면 헷갈릴 수 있으므로 단어를 신중하게 골라야 한다.

자신이 상대방의 부탁을 거절한다고 해서 상대방에게 마음을 쓰지 않거나 배려하지 않는 것이 아니다. 그저 자신이 어떤 일을 하고 싶지 않다는 사실을 상대방에게 밝히는 것뿐이다. 원치 않는 일을 거절하는 것은 자기 자신을, 자신이 내린 선택과 목표를 존중하는 행위라는 것을 명심해야 한다. 스스로를 지키고 존중하는 자존감은 행복한 삶을 사는 데 중요한 역할을 한다. 자신이 하기 싫은 일을 하며 소비하는 시간은 결코 되돌릴 수 없다. 게다가 불편한 마음에 억울한 생각이 들고 힘든 감정만 깊어질 수 있다.

이와는 반대로, 다른 사람들에게서 자신이 거절을 당하는 일도 수없이 많다. 면접에서 떨어지고, 저녁을 함께하자는 제안에 친구가 거절하고, 집을 사려고 했지만 집주인은 당신이 제안한 가격을 거절하고, 당신이 속한 모임의 멤버들과 집에서 모이려고 했지만 남편이 거절하는 식이다.

그런데 누구에게나 유난히 받아들이기 힘든 거절이 있기 마련이다. 자신이 다른 때보다 마음이 약해져 있을 때 누군가에게 부탁을 하거나 어떤 요청을 했다가 거절을 당하면 상처와 실망감, 수치심, 당혹감, 분노가 평소보다 크다. 그것이 아주 사소한 부탁이었을 경우에는 이러한 감정은 더욱 강렬해진다.

특히나 자신이 사랑하는 사람에게서 거절 의사를 듣는 것은 힘든 일이다. 자신을 사랑하는 사람이라면, 다른 사람도 아닌 자신의 요구는 응당 수락해야 한다고 믿기 때문이다. 사랑하는 사람이 부탁을 거절한다면 자신을 진심으로 사랑하는 게 아닐까봐 두려운 생각이 들기도 한다.

상사나 비즈니스 파트너에게서 거절당할 때는 자신의 능력이 부족하거나 어쩌면 실패한 인생이라는 생각마저 하게 될지 모른다. 거절의 말을 한 사람에게 화가 나고, 상대방이 이기적이라든가 혹은 다른 성격적 결함이 있다고 치부하기도 한다.

그러나 다른 사람이 자신의 요구를 거절한다고 해서 부정적으로 반응하는 것은 상대방이 선택할 권리를 제한하는 것이나 다름없다. 무언가를 할 것인지 묻는 질문에 상대방은 대답을 한 것뿐이다. 다른 사람의 거절을 자신이란 사람에 대한 거부로 받아들인다면 상대방은 당신 앞에서 말을 조심할 수밖에 없다. 다른 사람들이 자신에게 직접적인 답변을 피하고, 변명을 만들어내고, 거짓말을 하게 된다면 건강한 관계의 구축은 불가능해진다.

누군가가 자신을 거부했다는 생각이 들 때는 상대방에게 바로 반응하지 말고 잠시 멈추어 감정의 동요가 사라지기를 기다려 보자. 그리고 상대방이 자신의 요청을 거부한 이유가 있을 거라고 이해한다. 상대방이 저렇게 행동하는 데에는 분명 다른 이유가 있을 텐데, 그게 무엇일까를 최소한 세 가지는 떠올려본다. 무엇보다 다른 사람의 입장에서 생각해 보는 것이 중요하다. 가능하다면 침착하게 상대방에게 자신의 요청을 거절한 이유를 물어보는 것도 방법이다.

은영은 갑작스레 남편이 이혼 이야기를 꺼내자 큰 충격에 빠졌다. 그동안 자신은, 남편이 그렇게나 결혼생활을 불행하게 느낄 줄은 정말 몰랐기 때문이다. 나중에서야 두 사람의 관계가 파탄날 정도의 큰 사건은 없었을지언정 사소한 일들로 관계에 균열이 생기기 시작했다는 것을 깨닫게 되었다.

은영의 남편은 항상 아내가 옳아야만 하는 상황에 신물을 느꼈다. 지인들과 만날 때 부부가 함께했던 여행 이야기를 들려주면 아내는 항상 사소한 오류를 꼬집었다. 친구들에게 여행 이야기를 정확하게 전달해 주고 싶었다는 것이 은영의 입장이었다. 남편을 무시하려는 의도는 아니었다.

그러나 은영의 의도는 중요하지 않았다. 사람들 앞에서 자꾸 지적을 당하는 것이 남편에게는 모욕적인 경험이었다. 그 결과, 남편은 아내와 함께하는 시간이 전혀 즐겁지 않다고 느끼게 되었다. 별로 중요하지 않은 사실 여부를 바로 잡는 은영의 습관이 결혼생활을 위태롭게 만들었다.

8-2.
진정한 적은 내 안에 있다

대부분의 사람들이 적과 더불어 이 세상을 살아간다. 그들은 적을 안전과 안정, 안락함을 파괴하는 위협적인 세력으로 생각한다. 이 때문에 많은 사람이 적군의 틈새에서 살아남는 법을 익히거나, 아예 적에게 대항하는 전략을 세우는 데 평생을 소비한다. 예컨대 그들은 꿈을 이루거나 가치 있는 일을 창조하고 실천하기보다 적으로부터 자신을 방어하는 데 힘을 쏟는다. 진짜 적인가, 가상의 적인가 하는 문제는 중요치 않다. 그들이 추구하는 최고의 목표는 안전을 획득하는 것뿐이다.

그들은 적에게 항상 집중하고 있기 때문에 새로운 활동, 사귐, 배움, 성장, 발전 등 위험요소를 포함한 모든 변화에 적극적으로 나서지 못한다. 그들은 자아의 외연을 확장하기보다는 오직 모든 것을 제자리에 유지하기 위해 살아간다. 그럼에도 불구하고 그들의 삶에는 언제나 돌발적이면서도 다양한 위험요소가 존재한다. 아이러니하게도 때로는 아주 사소한 일이 원인이 되어 모든 일을 망쳐 버리기도 한다.

우리는 외부의 세상 어느 곳에 적이 존재한다고 생각한다. 어떻게든 우리를 해치려고 애쓰는 사람, 압력, 질병, 국가 등이 존재한다고 말이다. 인간이라면 피할 수 없는 질병과 노화에 맞서야 한다고 믿는 사람들도 있고, 우리의 삶을 송두리째 앗아가는 죽음이야말로 최후의 적이라고 여기는 사람들도 있다.

따라서 '무엇이' 또는 '누가' 우리의 적인지 알아야 하며, 우리가 그들의 공격 방식을 어떻게 해석하는지 알아야 한다. 우리는 우리가 가진 신념들이 어떤 영향을 미치는지, 또 자신을 보호하느라 우리의 타고난 생명력이 얼마나 소진되는지 먼저 살펴봐야 한다.

적은 우리의 시간, 노력, 자원, 안락함, 행복을 모조리 빼앗아간다. 그보다 더 기묘한 사실은, 하나의 적을 해치우고 나면 즉시 열 명 이상의 적군이 또 등장한다는 점이다.

어쩌면 인간에게는 기어코 적을 만들어야 직성이 풀리는 천성이 있는 것처럼 보인다. 우리는 위험과 어둠을 정복하고 극복하는 일을 즐긴다. 많은 사람들이 무의식적으로 '삶이란 거대한 전쟁터이며 항상 맞서 싸울 준비가 되어 있어야 한다'는 생각으로 잔뜩 들뜬다. 이런 생각은 에고와 권력욕을 더욱 발달시킨다. 우리가 적을 무찌를 수 있다면 자신이 좀더 강하고 똑똑하고 지혜롭다는 우월감을 얻을 수 있을 것이다. 요컨대 이로써 우리가 곧 자신의 삶을 스스로 지배할 수 있다는 뜻이기도 하다. 그러나 진정으로 그게 사실인 것일까? 자신을 둘러싼 적과의 모든 전쟁에서 이겼을 때, 당신은 적군에게 막강한 권력을 행사할 수 있는가? 오히려 당신이 전투와 승리에 대한 욕구에 지배당하는 것은 아닌가?

옛말에 "친구보다 적을 더 가까이 두라"는 말이 있다. 적을 없애는 가장 현명하고 또한 가장 쉬운 방법은 바로 그 사람을 친구로 만드는 것이다. 이 방법을 실천하는 데는 짧은 시간이면 족하다. 당장에 모든 활동을 멈추고 스스로를 돌아보라.

"이 사람(상황)을 적이라고 누가 규정하는가?"

그렇다. 정답은 바로 당신이다. 이제 우리는 적에 대한 생각을 바꿀 수 있다. 그 사람을 우리의 친구로 만들어라. 우리는 먼저 나서서 그 사람의 친구가 되겠다고 결심할 수 있다. 당신은 간단하게 싸움을 멈추고 친절과 배려로써 그 사람을 대할 수 있다. 당신은 그 사람에게서 적대적이지 않은 면들을 찾을 수 있다. 당신이 먼저 그 악순환을 끊어 버린다면 그들이 어떻게 당신을 해치겠는가?

단단히 마음의 준비를 하고 조금 더 나아가 보자. 숨을 한 번 깊게 쉬고, 진짜 적은 어디에 숨어 있는지 찾아보라. 우리를 끊임없이 혼란 속에 빠뜨리는 것은 정확히 무엇인가?

당신의 삶을 진정으로 파괴하는 것은 무엇인가? 그 폭탄을 해체하는 가장 좋은 방법은 무엇인가?

그렇다. 지금은, 진정한 적이 바로 우리의 내면 깊숙한 곳에 있다는 사실을 직시할 때다. 당신을 혼란스럽게 만드는 것은 바로 혐오와 분노, 두려움과 심란함이다. 진정한 적은 분노와 두려움을 외부의 어떤 사람 또는 상황에 투사하여 발산하고 전쟁을 일으키게 하는 우리의 '내적 성향'이다. 우리의 내면에 도사리고 있는 분노와 두려움과 어두운 공상을 없애 버리기 전까지, 우리는 점점 더 많은 적과 마주칠 수밖에 없다. 결국 그들은 우리의 마음과 감정이 만들어낸 것에 불과하다.

8-3.

뇌는 익숙함을 선호한다

1978년, 심리학자 필립 브릭먼은 행복감에 대해 한 가지 흥미로운 연구를 진행했다. 조건이 서로 다른 두 집단에서 '행복'이라는 감정이 어떻게 변화하는지 관찰한 것이었다. 두 집단 중 한 집단은 얼마 전 복권에 당첨되어 순식간에 큰 부자가 된 사람들이었다. 다른 집단은 최근에 사고를 당해 몸이 마비된 사람들이었다. 우리의 예상처럼, 복권에 당첨된 집단의 행복도는 당첨되기 이전과 비교해 크게 증가했고, 반대로 사고가 난 사람들의 행복도는 사고 전에 비해 큰 폭으로 감소한 상태였다.

그런데 뜻밖의 결과가 도출되었다. 시간이 흐른 뒤 다시 조사해 봤더니 예상 외의 결과가 나온 것이다. 복권 당첨자들의 행복도는 시간이 흐르면서 점차로 복권에 당첨되기 이전 수준으로 낮아졌지만, 사고가 난 사람들의 행복도는 얼마간의 시간이 지나자 사고가 나기 전과 비슷한 정도로 회복되었던 것이다.

아주 흥분될 만큼 좋은 일이 있어도, 혹은 아주 나쁜 일이 있어도 일정 정도의 시간이 지나면 그 일이 있기 전, 본인이 기존에 가지고 있던 감정 상태로 다시 돌아간다는 이 실험 결과는 참으로 흥미롭다. 이 같은 실험 결과를 이해하기 위해서는, 먼저 우리 뇌의 특성에 대해 알아볼 필요가 있다.

일반적으로 사람들의 뇌는 익숙한 것을 좋아한다. 이것은, 하루하루 치열하게 살아남는 것이 최대 목표였던 원시인 뇌의 작동 원리가 현대인의 머릿속에도 아직 남아 있는 것이라 할 수 있다. 야생에서 수많은 위협과 위험 속에 직면했던 원시 인류에게는, 어떻게 하면 살아남을 수 있는지가 가장 큰 고민이었다. 우리의 뇌는 지금까지 해 오던 것을 웬만하면 바꾸지 않으려고 한다. 왜냐하면 우리의 머릿속에는 아직도 '이렇게 하면 적어도 죽지는 않는다'라는 믿음이 새겨져 있기 때문이다. 새로운 어떤 사항은 자신에게 또 다른 이득이 될 수도 있지만, 검증이 충분히 되지 않은 상태에서는 오히려 죽음과 직결될 수도 있기에 웬만해서는 받아들이려 하지 않는 것이다. 우리의 뇌는 새로운 것보다는 익숙한 것을 선택한다.

우리의 내면 속에 잠재되어 있는 감정도 마찬가지다. 한동안 익숙했던 감정은 뇌 속에 표준으로 자리잡는다. 오랫동안 불안해하며 지냈던 사람은 불안이 익숙한 감정으로 자리 잡고, 행복하고 감사해하며 지내 온 사람은 행복과 감사함이 익숙한 감정으로 자리 잡는다. 따라서 우리의 내면에 순간순간 여러 감정이 발생하겠지만, 뇌는 익숙하게 이미 잡아 놓은 감정을 더 선호하고 거기에 집중한다.

요컨대 뇌는 습관이 된 감정을 더 확대하고 강화한다. 뇌가 '불안' 이란 감정에 이미 습관화 되어 있으면, 우리는 불안을 유발하는 일에 더 신경을 쓰고, 안 좋은 일이 발생하면 실제보다 훨씬 큰 걱정과 불안에 휩싸이게 된다. 반대로 행복이란 감정에 이미 습관화 되어 있으면, 기분 좋은 일이 발생했을 때 뇌는 훨씬 큰 흥미를 느끼며 그것을 확대해서 받아들이게 되는 것이다.

오늘 내가 느낀 감정이라고 해서 반드시 실제 오늘 일어난 사건들과 일치하지는 않는다. 우리의 뇌는 익숙한 감정을 언제 어디서 어떤 맥락 하에 다시 느낄지 늘 주의를 기울인다. 뇌는, 오늘 일어난 수많은 일 중에 익숙하게 느끼고 있는 감정에 어울리는 일을 찾아 의미를 부여하고 확대한다. 그러한 감정습관에 어울리는 사건이 발생하면 더욱 주의를 기울이고, 중요한 사건으로 인식하며, 오랫동안 기억하게 하는 것이다. 반대로 기존과는 많이 낯선 감정을 유발하는 일에 대해서는 과소평가하고 무시하려 든다.

불안이 습관이 된 사람들은 오늘 하루를 되돌아보며 한숨만 내쉬고 걱정하기 일쑤이다. 그러곤 이런 일들 때문에 어쩔 수 없다며 자신의 불안을 합리화한다. 반면 감사함이 몸에 밴 사람들은 감사한 일들이 먼저 떠오른다.

또한 똑같이 발생한 일에 대해서도 감정습관에 따라 어떤 사람은 긍정적으로 해석하는 반면, 어떤 사람은 부정적으로 해석하고 불안에 휩싸인다. 그것도 아니라면, 어떤 사람은 화부터 나기도 할 것이다.

내 감정을 보다 깊이 이해하고 조절하기 위해서는 '감정도 습관'이라는 점을 간과하면 안 된다.

8-4.

감정에도 금단 증상이 있다

부정적인 감정습관을 극복하고 긍정적인 감정 상태로 바꾸기 위해서는 새로운 감정과 마주할 기회를 늘리고 피하지 말아야 한다. 그런데 이 단계가 참으로 어렵다. 이게 정말 맞는 건가 확신이 생기지 않는다. 왠지 더 안 좋은 일이 일어날 것만 같은 불길함도 엄습한다.

이것은 그동안의 부정적인 감정습관이 만들어 내는 '금단 증상'이라고 할 수 있다. 비난과 질책에 습관이 길러진 뇌가 비난과 질책이 적어지자 견디기 어려운 금단 증상을 보이며 또다시 필사적으로 비난과 질책을 구하러 다니는 것이다.

우리는 이러한 금단의 순간을 잘 참아 내야 한다. 술이나 담배에 길들여진 사람들은 어떤가? 금주·금연을 하면 수 주일 동안 극심한 금단 증상을 겪는다. 그렇다면 금주·금연에 성공한 사람들은 금단 증상을 어떻게 극복했을까? 그것은 바로 확신의 힘이다. 나쁜 습관을 끊어내기 위한 지금의 고통은 당연한 것이고, 어느 정도 지나면 반드시 새로운 습관에 익숙해진다는 확신 말이다.

감정습관도 위와 마찬가지다. 자신이 잘못된 길이 아닌, 자기 자신에게 진정 도움이 되는 길을 가고 있다는 100퍼센트의 확신, 그리고 이런 고통 뒤에는 반드시 행복이 기다리고 있다는 확신이 이 금단의 기간을 견뎌 내는 힘이 되어 준다.

8-5.

세상을 향해 투사된 분노

자각되거나 인정되거나 표현되지 못한 분노는 자신의 내면 안에 억압된다. 이런 식으로 억압된 분노는 터지기 직전의 시한폭탄과 같다. 그리고 억압된 분노는 어떤 방식으로든 언제든지 폭발하게 되어 있다. 억압된 분노의 가장 흔한 분출 방식은 바깥세상, 즉 주변의 어떤 것을 향한 투사다.

자신의 내면이 억눌린 분노로 가득 찬 사람에게 세상은 위험하고 무자비하고 증오할 만한 대상이 가득한 곳이다. 자신의 내면에 억압된 분노는 증오해도 좋을 상황, 원인, 단체 등을 수없이 찾아낸다. 그리고 그러한 분노는 많은 합리화 과정을 통해 정부와 특정 단체, 개인을 몰락시키는 방향으로 분출된다. 시위, 정치 소송, 악의적인 보도 중의 일부는 오랫동안 억압되어 온 개인적 분노와 복수심에서 비롯된다.

물론 시위나 정치 소송이 정의롭지 못하거나 가치가 없다고 주장하는 것은 아니다. 다만 공적인 사안에 대해 시민으로서 적절한 권리를 행사하는 것과, 억눌렀던 분노를 분출시킬 기회로 악용하는 것은 분명하게 구별되어야 한다는 뜻이다.

정부 또는 그와 유사한 단체나 조직은 본질적으로 규모가 크고 비인격적이기 때문에, 대부분의 사람들은 부담 없이 거기에 소속된 사람들을 비난하고, 그러한 자신의 행동을 합리화할 수 있다. 그들은 상대방의 사회적인 일종의 가면만을 보고 있을 뿐이며, 실제로 상대방이 어떤 사람인지 모른다는 사실을 인식하지 못한다. 그들은 여기에 그럴듯한 상상을 덧붙이고 분노를 투사한다. 또 그들은 비난의 대상이 된 인물들과 직접 만나야 하는 상황에서는 자신에 대한 익명성을 요구한다. 보통 그것들은 도를 넘은 방식으로 분출됨으로써 어떤 효과도 거두지 못한다.

어떤 이유와 방식으로든, 공인이 된 사람들은 분노의 투사의 대상이 될 가능성이 크다. 즉 누군가의 신념과 반대되는 입장에 서거나 괘씸하다고 생각되는 활동을 보여준 개인, 또는 정부는 누군가의 내면에 억압된 분노의 투영물이 되기 쉽다.

다시 강조하지만, 나는 이런 활동들이 부당하거나 부질없다고 주장하는 것이 아니다. 그러나 전체적인 배경과 사실, 정부의 장기적인 계획 등 자세한 맥락을 확실히 알지 못한 채 무작정 과도한 반응과 분노를 쏟아내고 있다면, 이는 투사가 작동하고 있는 것으로 해석할 수밖에 없다.

앞에서 살펴본 관점에서 보면, 새로운 정부가 출범할 때 필요 이상으로 극심한 불안감을 드러내는 사람들 중 많은 경우는 어린 시절의 두려움을 새로 출범하는 정부에 투사하고 있다고 생각된다. 우리 모두는 가정 안에서 안전하게 보호받고 양육될 권리를 갖고 있다. 그러나 이 같은 가정에 대한 믿음이 깨졌거나 불안하고 부당한 상황에 노출되는 경험을 했을 때, 그 감정들은 나중에 되살아나 지금 우리에게 '가정'과 유사한 기능을 하는 단체나 정부를 향해 투사되고 영향을 끼치게 된다.

정부나 각종 단체와 조직에 대한 과도한 분노가 있는 곳에서는, 대개 권력의 상하관계에서 빚어진 공통적인 패턴(과거의 상처)을 찾아볼 수 있다. 집, 학교, 교회 등의 조직에서 권위에서 비롯된 통제, 억압, 면박, 방해를 받았던 경험은 각 개인에게 심한 충격으로 남는다. 이미 성인이 된 사람들도 종종 그런 상처에 발목을 잡힌다. 따라서 권력을 믿지 않는 경향은 점점 깊어지고 배신감과 실망감에서 비롯된 분노가 그에 더해진다.

특히나 절대적인 권력의 상하관계는 성장기 아이들에게 무척 중요하다. 아이들은 역할 모델, 즉 존경스럽고 사랑할 만한 대상, 인생의 기준으로 삼을 만한 영웅(멘토)을 필요로 한다. 아이들이 어른(권력자)을 동경하고 존경하는 것은 권력의 상하관계에서 비롯되는 선천적이고 자연스러운 행동이다. 그것은 아이들에게 필수불가결한 의지처로서 작용한다. 그러나 이런 구조적인 믿음이 깨져 상처와 배신감, 실망감을 경험한 아이들은 모든 권력관계에 대해 일반화된 분노를 표출할 뿐만 아니라, 스스로 권력을 행사해야 하는 입장에 놓였을 때 적절하게 처신하지 못하는 경향을 보인다. 말하자면 그들은 (정신적인) 성인기로 완전히 들어서지 못하거나, 권리에 따르는 책임감을 진지하게 느끼지 못한다. 대신 그들의 삶은 자신들의 분노가 투사된 권력에 대한 반란으로 채워진다. 이때 권력의 주체는 길잡이, 든든함, 영감의 원천으로 인식되는 것이 아니라 우리의 주체성, 자율성, 창조성을 짓밟는 적군으로 상정된다.

이렇듯 권력에 대한 숭배와 혐오는 동전의 양면과도 같다. 그 두 가지 감정은 외부의 권력관계에 집착하거나 주체적으로 자신의 삶을 꾸려나가지 못하는 것으로부터 생겨난다. 그 두 가지 태도는 뒤를 돌봐줄 누군가를 필요로 하는 미성숙한 단계, 즉 중심이 없는 상태를 벗어나지 못하게 한다.

일반적으로 사람들이 충분한 성숙 단계로 나아가기 위해서는 권력자도 자신과 동일한 사람이라는 사실을 깨닫고 그들에게 투사했던 분노와 증오의 에너지와 책임감을 되돌려 자신의 삶 속에서 주체적으로 실현할 수 있어야 한다. 그렇게 해야만 다른 사람을 향했던 거대한 분노가 해소됨으로써, 생산적이고 건강한 방식으로 다양한 거의 모든 에너지를 온전하게 자신의 삶과 가치 실현에 사용할 자유를 획득하게 될 것이다.

경훈과 그의 동생들은 지난 세월동안 아버지에게서 심한 학대를 받았다. 경훈은 맏이로서 가족의 불행에 대해 무거운 책임감을 느꼈다. 아버지는 협박과 폭력, 폭언으로 가족을 통제했고, 모든 결정권이 자신에게 있다고 입버릇처럼 말했다. 경훈의 어머니는 수동적이고 의존적인 성격으로, 남편에게 맞서기는커녕 자신과 자식들조차 제대로 보호하지 못했다.

어린 시절 내내 경훈은 두려움과 무력감에 시달렸으며, 아버지를 무릎 꿇리는 복수 장면을 꿈꿨다. 경훈은 직접 가족을 통솔하고 동생들을 보살피는 자신의 모습을 그려 보았다. 그러나 집에서 사는 동안, 이것은 공상에 지나지 않았다. 경훈의 아버지는 감히 맞서기 힘들 정도로 무자비한 사람이었기 때문이다.

그러나 집을 떠나고 나자, 경훈의 숨겨진 원한은 즉시 정부를 향해 표출되었다. 경훈은 정치적인 운동에 참여했고, 선거권자들의 신뢰를 저버리고 있다고 생각되는 사람들에 대해서는 가차 없는 혹평을 발표했다. 경훈은 전 세계 수많은 고위 인사들에 대한 기사를 샅샅이 뒤졌다. 그는 시위에 참여하는 것을 즐겼으며, 특히 폭력 사태로 이어질 가능성이 큰 시위에는 빠지는 법이 없었다.

아버지에 대한 경훈의 감정은 분명히 정부 관료들을 향해 투사되고 있었다. 그리고 경훈이 속한 정치 모임은 그의 행동을 합리화하고 힘을 실어줌으로써, 그가 무력감과 원한을 분출하도록 부채질했다.

8-6.

뇌의 속임수

위스콘신 대학의 리처드 J. 데이비드슨 교수는 만성 우울증을 앓고 있는 사람들과 긍정적인 정서를 지닌 사람들을 각각 다른 그룹으로 나누어 흥미로운 실험을 진행하였다.

데이비드슨 교수는 두 그룹의 사람들에게 기분이 좋아질 만한 사진을 보여주었다. 아기를 바라보며 행복에 겨워하는 엄마의 모습, 어려움에 처한 타인을 도와주는 훈훈한 모습, 사람들이 즐겁게 춤을 추는 모습, 어린아이들이 신나게 놀면서 웃는 모습 등을 담은 사진이었다. 그리고 나서 각각의 그룹의 사람들에 대해 기쁨이나 즐거움을 느낄 때 활성화되는 뇌 부위를 조사했다.

조사 결과, 사진을 보여줄 때 두 그룹 모두에서 즐거움이나 기쁨을 느끼는 뇌 부위가 활성화되었다. 또한 뇌 사진상으로 관찰할 때, 우울증 환자와 건강한 사람의 뇌 활성화 정도도 거의 유사했다. 즉 초기에는 두 그룹 모두 비슷한 정도로 유쾌한 감정을 느낀다는 결론을 얻었다. 하지만 그 유쾌한 감정이 유지되는 시간에 있어서는 서로 다른 결과치를 보였다. 평소 긍정적인 정서를 가지고 있는 그룹은 훨씬 긴 시간 동안 즐거움을 느끼는 뇌 부위가 활성화되어 있었다. 우울증 그룹은 단지 몇 분 동안만 활성도가 유지되었고, 긍정적인 그룹은 한 시간 가까이 뇌 활성도가 유지된 것이다.

요컨대 우울증 그룹은 유쾌함을 몇 분만 느낄 뿐이지만, 긍정적인 그룹은 유쾌함을 거의 한 시간 가까이 느낀다는 것이다. 이것이바로, 우울함이 습관이 된 사람들과 즐거움이 습관이 된 사람들의현격한 차이였다.

그렇다. 이 실험은 우리에게 뇌의 특성에 대한 중요한 점을 알려준다. 일단, 우울함이 습관이 된 사람이라고 해서 즐거움과 행복감을 느끼지 못하는 것은 아니었다. 그들도 일이 잘되면 안도도 하고기분도 좋아진다. 나아가 성취감도 느끼고 자신감이 생기기도 한다.일반적으로 사람들은 보통 우울증에 빠지면 긍정적인 감정이 아예사라진 것처럼 생각하지만 그렇지는 않은 것이다. 아무리 뇌가 어떤습관을 지속시키기를 좋아한다고 해도 다른 감정이 아예 들지 않도록 막을 수는 없는 것이다. 다만 그러한 습관을 유지하기 위해 뇌는 차선책을 사용한다. 일단 뇌가 선호하는 감정이 나타나면 그것을가능한 한 오래 지속하려 하고, 낯선 감정은 빨리 망각해 버리는 것이다.

'외로움'이라는 감정이 뇌에 습관으로 자리잡은 사람을 예로 들어 보자. 그런 사람은 본인이 소외되거나, 어느 집단이든 속하지 못하는 상황이 오면, 즉시 '외로움'이라는 감정이 활성화될 것이다. 그리고 그러한 외로움을 가능한 한 길게 유지할 것이다. 하지만 그 사람의 일상생활을 찬찬히 들여다본다면 남들과 어울리는 순간도 있고, 또 남들이 관심을 가지고 신경 써 줄 때도 있음을 발견할 것이다. 그럴 순간에는 그 사람도 즐거워하고 기분이 좋아지겠지만, 금세 그 순간은 머릿속에서 사라지고 만다. 하지만 그 사람에게서도 희망을 발견할 수 있다. 비록 횟수가 적고 금방 사라지지만 긍정적인 감정을 아예 못 느끼는 것은 아니기 때문이다.

긍정적인 감정의 씨앗이 뿌려졌을 때 조심히 살려서, 가능한 한 오래 유지하는 연습을 하면 된다. 물론 몇 번으로 그쳐서는 되지 않겠지만, 꾸준히 연습하면 뇌는 긍정적인 감정에 익숙해지고 새로운 습관을 받아들일 것이다.

여기서 감정이 금세 사라지지 않게 유지해 주는 필수 요소는 무엇일까? 바로 '관심'이다. 부정적인 감정 외에도 긍정적인 감정을 느꼈다는 것을 인식하고 기억하는 것이다. 그리고 반복해서 다시 생각하고 느껴 봐야 한다.

일상생활을 하다 보면, 횟수가 많지는 않아도 기분 좋을 때, 만족감을 느낄 때, 작으나마 성취감을 느낄 때, 감사함을 느낄 때가 있다. 아주 사소한 긍정적인 감정도 좋다. 아주 작은 것들도 놓치면 안 된다. 사소한 감정들은 잊기 쉬우므로 그때그때 수첩에 적는 것이 좋다. 수첩을 하나 준비해 '감정 수첩'이라고 이름 붙이자.

기쁨이나 즐거움을 느낄 때마다, 그 순간이 지나기 전에 감정 수첩을 열고 그때의 상황과 기분, 그리고 당시의 생각을 적는다. 긍정적인 기분을 몇 번밖에 느끼지 못했어도 괜찮다. 이렇게 적은 내용을 시간 날 때마다 읽어 보며 다시 떠올린다. 잠자리에 들기 전 최소한 한 번은 수첩을 펼쳐 그때의 상황을 떠올려 보고 그때의 감정을 느껴 본다.

긍정적인 감정이 생기는 횟수가 적으면 적을수록 더욱 그것을 소중히 여겨야 한다. 비록 몇 번 되지 않는 긍정적인 일이나 감정이라 해도 절대 놓치면 안 된다. 그 불씨를 지키고 키워 나가야 한다. 그렇게 뇌가 긍정적인 감정에 점차 익숙해지도록 해야 한다.

8-7.
난데없는 감정이 치밀어 오르는 이유

아주 오랫동안 습관이 된 익숙한 감정을 자주 느끼다 보면, 그러한 감정을 느낄 상황이 아닌데도 습관이 된 감정이 난데없이 불쑥 나타나는 경우가 있다. 사람의 감정이란 것은 기본적으로 외부의 자극에서 시작된다. 상황에 따라 발생하는 외부의 자극을 뇌가 감정이라는 것으로 변환하여 느끼는 것이다. 우리의 뇌는 이런 외부의 자극들의 미세한 차이를 자세히 구분하여 우울함, 억울함, 분노, 기쁨 등으로 분류하고 더 세분화한다. 이런 감각 과정을 통해 우리는 여러 가지 감정을 다르게 느낄 수 있는 것이다.

혹시 본인의 신체에 대한 심각한 왜곡으로 몹시 말랐는데도 자기가 뚱뚱하다고 생각하는 병을 아는가? 바로 '거식증' 말이다. 이 같은 거식증에 걸린 환자들은 극단적으로 음식의 섭취를 거부한다. 한참을 굶기도 하고, 행여나 음식물을 먹더라도 아주 소량만 섭취한다.

거식증 환자들에게 음식물을 섭취할 것을 권할 때 어려운 점 하나는 환자가 음식을 먹고 나면 불쾌함과 심한 복통을 느낀다는 것이다. 또한 그들은 허기지고 배고픈 느낌도 잘 모르고 그냥 배가 아프다고 생각한다. 단식이 오랜 기간 지속되었기 때문에 배고픈 느낌은 지속적으로 무시되고, 배부른 느낌이 오랜 기간 없었기 때문에 뇌가 다시 유아 시절로 돌아간 것이다. 다시 말해, 느낌들의 차이를 구분하지 못하는 것이다.

거식증처럼 감정도 마찬가지다. 자라면서, 또 언어를 익히면서 각 감정의 작고 미세한 차이를 익히고 잘 구분했던 뇌가 점차로 하나의 감정만 주로 사용하고 다른 감정들은 느끼지 않으면서, 점점 자극의 미세한 차이를 구분하지 못하게 되고 각각 또 다른 감정을 느껴야 될 상황에서도 그동안 느껴오던 익숙한 감정으로 잘못 해석할 수 있는 것이다.

새로운 감정습관에 익숙해지기 위해서는 감정을 구분하고 세분화하는 연습을 해야 한다. 감정을 풍요롭고 다양하게 느끼고 미세하게 구분할수록 획일화된(혹은 부정적인) 감정습관에서 벗어날 수 있기 때문이다.

앞서 살펴보았던 감정 수첩을 이용해 느껴지는 감정들을 종이에 적는다. 그리고 나서 그때의 그 감정들을 세분화하고, 구분하는 작업을 한다. 그때의 상황과 자신의 입장을 떠올려 보고, 객관적으로 꼼꼼하게 살펴보았을 때 어떤 감정을 느끼는 것이 옳은지 생각해 본다. 그리고 나서 본인이 실제 느낀 감정과 비교해 본다. 그때 그 상황에 적절하지 않고 모순된 감정들이 난데없이 불쑥 나타난다면, 당시 내가 감정을 제대로 구분하지 못했을 가능성이 있다.

그리고 이후에 다시 비슷한 상황에 놓였을 때 또 다시 느껴지는 감정을 그냥 흘려보내지 말고, '이 감정은 분노가 아니라 미안함 아닐까?' 하는 식으로, 다시 한 번 검토해 보는 것이다. 그렇게 그때그때의 감정을 감정 수첩에 기록하며 상황에 맞지 않는 감정이 있다는 것을 인식하고, 그런 상황을 다시 맞닥뜨렸을 때 감정에 대해 자세하고 세심하게 구분하려는 노력을 한다. 이런 과정을 반복해서 거치면 감정이 훨씬 풍요로워지고 그저 모호하게 뭉쳐져 있던 엉뚱한 감정에서 벗어날 수 있다. 이 방법은 새로운 감정습관을 익히는 데 큰 도움이 될 것이다.

8-8.
감정습관의 2차적 이득

오랫동안 익숙해져 버린 감정습관은 쉽게 벗어 던질 수가 없다. 괴롭고 고통스러운 감정습관도 뇌가 정상적인 감정으로 인식하기 때문이다.

그런데 그렇게도 괴로운 감정습관을 쉽게 떨칠 수 없는 중요한 이유가 한 가지 더 있다. 바로 고통스러운 감정습관을 통해 얻는 또 다른 이익이 있다는 사실이 그것이다. 그것은 자기 자신조차 쉽게 눈치 챌 수 없는 숨겨진 이득이다.

불안, 우울, 걱정 등 고통스러운 감정 등 이런 보이지 않는 이익을 '2차적 이득'이라고 부른다.

실제로 자신이 걱정하는 일은 아무런 의미가 없고 일어날 가능성 또한 희박하다는 것을 알 수 있지만, 일부의 사람들은 일부러 괜찮다는 증거를 애써 보지 않으려고 한다. 계속해서 자신의 걱정을 이어 가고 싶어 한다. 그러다가 괜찮다는 확고한 증거를 마주하면, 겉으로는 안심하면서도 속으로는 조금 허탈하고 아쉬워한다. 그러한 걱정 뒤에 2차적 이득이 있었기 때문이다.

우리의 뇌는 교묘하게도 괴로운 감정 안에서 은밀한 이득을 발견한다. 오랫동안의 부정적인 감정습관이 자신에게 일종의 면죄부를 주었던 것이다.

이렇게 2차적 이득이 발생하는 상태에서는 감정습관에서 벗어나기가 더욱 어렵다. 우리는 무의식적으로 그런 은밀한 이득을 놓치지 않으려 하기 때문이다. 따라서 고통스러운 감정습관을 바꾸기 위해서는, 그러한 감정 이면에 감추어진 은밀한 이득이 있지 않은지 반드시 살펴보아야 한다.

물론 불안감이나 우울감 같은 부정적인 감정 뒤에 2차적 이득이 항상 발생하는 것은 아니다. 오히려 일반적으로는 불안증과 우울증 같은 감정습관은 2차적 이득과 상관없다. 하지만 오랜 기간 습관이 된 부정적인 감정이 있다면, 혹시 그 감정습관의 이면에 이득은 없는지 찬찬히 살펴보아야 한다. 작고 은밀한 이득을 위해 진정한 행복을 포기해서는 안 되기 때문이다.

이처럼 2차적 이득을 버리고 감정습관을 바꾸려면 때로는 용기가 필요하다. 다른 사람보다 손해 보는 것도 생기고, 허구의 걱정 안에서 잊고 지냈던 진짜 현실의 고민들과 고통스럽게 마주해야 할지도 모른다. 그렇지만 꾀병으로 학교를 안 가려는 아이처럼, 더 중요한 것을 잃지 않으려면 용기를 내야 한다.

저명한 심리학자 로버트 블라이의 주장에 따르면, 그림자는 당사자도 깨닫지 못하는 내면의 어둠이며, 그것을 외부의 사람에게 투사한다고 한다. 그래서 상대방에게서 우리의 모든 단점을 그대로 발견할 수 있다.

자신의 어둠을 다른 이에게 그대로 투사하는 것은 자신을 극도로 약화시키는 행위다. 그것은 우리의 힘을 그들에게 주어 버리는 것과 같으며, 그들의 공격을 두려워한다. 그들이 우리보다 더 위험하고 강할까봐 근심한다. 그러나 돈키호테처럼 풍차와 싸우는 데 힘을 빼는 것보다는 현실을 직시하고 자신의 감정을 자각하겠다는 의지를 갖는 것이 훨씬 값진 일이다.

자신의 고유한 힘을 회복하면 다른 사람들을 진실하게 볼 수 있다. 우리는 모두에게 공통된 인성과 욕구를 발견할 수 있고, 상대방과의 충돌을 해결할 방법을 찾을 수 있다. 그리고 그 사람과 친구가 됨으로써 아름다운 치유를 시작할 수 있다.

9장.

긍정적인 마음이
답이다

9-1.

새로운 감정을 상상하라

사람들 중에 일부는 사람이 많은 곳만 가면 불안해진다. 또 다른 일부는 자녀가 말을 안 듣는 상황에서 유독 분노가 끓어오른다. 이렇게 각각의 상황별로 익숙해진 감정습관에 대해서도 알아보아야 한다. 왜냐하면 작은 상황들이 모여, 전체적인 감정습관과 나에게 가장 익숙한 감정을 결정하기 때문이다. 이러한 이유로 상황별 감정습관을 이해하고 변화시키는 것이 중요하다.

먼저, 상황별로 생기는 감정습관을 이해하기 위해서는 그 유명한 '파블로프의 개' 실험이 도움이 된다.

파블로프는 개에게 먹이를 줄 때마다 종소리를 들려주었다. 오랜 기간 그런 식으로 먹이를 주고 나서, 나중에는 먹이를 주지 않고 종소리만 들려주었는데도 개는 마치 먹이가 주어진 것처럼 침을 질질 흘렸다. 바로 특정 상황(자극)에 습관화가 된 것이다. 여기서의 특정 상황이란 종소리가 될 것이고, 습관이 된 반응은 침이 흐르는 것이다.

감정도 이와 같은 습관화의 원리를 따른다. 어떤 상황(반응)과 거기에 따라 발생하는 감정이 자꾸 반복되면 자연스럽게 습관화가 된다. 다시 말해, 비슷한 상황과 맞닥뜨리면 나도 모르게 습관이 된 감정이 불쑥 드러난다. 처음에는 분명 그 감정이 일어난 실제적인 이유가 있었겠지만, 자꾸만 비슷한 상황과 감정이 반복되다 보면 나중에는 그저 비슷한 상황만 되어도 그 감정이 생겨난다. 왜 이런 감정이 생겨나는지도 모른 채 말이다.

일반적으로 사람들은 누구나 정도의 차이는 있지만, 상황에 따라 습관화된 감정을 지니고 있게 마련이다. 어떤 사람은 어디서 큰 소리만 나도 이유 없이 가슴이 두근거리고 불안해진다. 또 어떤 사람은 아내가 자신을 믿지 못하는 것 같은 말을 할 때마다 필요 이상으로 화가 난다. 또 평소엔 점잖은 사람이 운전석에만 앉으면 예민해지거나 난폭해지기도 한다. 이런 것들이 바로 상황에 습관화된 감정이다.

이런 경우에는 '상상 노출'이라는 방법을 이용하면 문제를 극복할 수 있다. 우리의 뇌는 생생하게 상상을 하면 그것을 실제 일어난 일처럼 받아들인다. 하우아이젠과 크뇌셰는 2001년 연구에서 피아니스트들은 음악을 듣거나 피아노 치는 것을 상상하는 것만으로도 실제 피아노를 치듯 손가락을 움직이는 뇌 부위가 활성화된다는 것을 알아냈다. 또한 미국의 나키아 고든 박사는 연구를 통해 단지 웃는 모습을 상상하는 것만으로도 우리의 감정이 긍정적으로 바뀌며,

실제로 웃을 때처럼 뇌영역이 활성화된다는 것을 발견했다.

그 밖에도 많은 연구들을 통해, 생생한 상상을 하면 우리의 뇌가 마치 실제로 그 일을 하는 것처럼 착각한다는 것을 알게 되었다. 즉 생생한 상상만으로도 실제 행동을 하는 듯한 효과를 볼 수 있고, 생생한 감정도 만들어낼 수 있는 것이다.

앞에서 살펴보았듯이, 생생한 상상을 통해 새로운 감정습관을 만드는 것도 가능하다. 그 방법이 바로 상상 노출이다.

자, 그렇다면 이러한 상상 노출법을 활용해 상상 속에서 발표를 해 보자. 자신에게 자극이 되는 상황을 생생하게 떠올려 보자. 이 모든 것은 상상 속에서 벌어지는 일이기 때문에 부담감도 덜하고 불안감도 줄일 수 있다. 이렇게 안전한 상상 속에서 불안해하지 않는 경험을 반복하는 것이다.

단, 여기서 주의할 점이 한 가지 있다. 처음부터 가장 어려워하는 상황을 떠올리면 안 된다. 가장 쉬운 상황부터 가장 어려운 상황까지 1~4단계로 배열한 뒤, 우선 가장 쉬운 1단계로 친한 친구 몇 명 앞에서 편하게 발표하는 상황부터 시작한다. 편한 의자에 앉아 복식 호흡을 한다. 몸과 마음이 편안해졌다고 느껴지면 눈을 감고 1단계의 상황으로 들어간다. 자신의 모든 감각을 동원해 진짜 그 자리에 있는 것처럼 상상한다. 발표 대기부터 발표를 마칠 때까지 빼놓지 말고 상상을 한다. 중간에 불안해지고 걸리는 부분이 생기면 잠시 상상을 멈추고 '이건 상상이다'라고 마음을 가라앉힌 뒤 어떻게 대처해야 좋을지 생각한다. 그리고 심호흡을 크게 한 뒤 다시 상상 속으로 들어간다.

절대로 중간에 포기하면 안 된다. 만약에 중간에 중단하면 그저 발표 불안이라는 습관을 다시 한 번 강화시키는 것이 되어 버린다. 이런 방법을 반복하면 점점 차분하게 발표하는 자신의 모습을 쉽게 상상하게 될 것이다.

쉬운 단계의 발표가 불안감 없이 자연스러워졌다면, 다음 단계로 올려서 해 본다. 가령 사람이 좀 더 많은 상황을 생각해 보는 것이다.

자, 이런 과정을 반복하다 보면, 뇌가 점점 새로운 습관을 들이게 된다. 그런 뒤 실제 발표에 도전해 본다. 물론 실제 발표도 대번에 어려운 상황부터 하면 안 된다. 상상 노출과 보조를 맞추어 가며 가장 쉬운 상황부터 단계적으로 익숙하게 습관을 들이며 어려운 단계로 올라가야 한다.

이런 상상 노출법을 각자 자신의 상황과 습관에 맞게 적용해 보자. 꾸준히 반복하다 보면 반드시 새로운 습관을 만들어 줄 것이다.

9-2.
자극과 감정의 연결고리를 재설정하라

　　조건화된 감정은 'A(특정 상황)→B(습관화된 감정)'이라는 매커니즘으로 이루어진다. 그런데 좀 더 자세히 살펴보자면, 이러한 매커니즘에 한 가지 추가할 사항이 있다. 실제로는 A→B보다는 A→C and B가 더 정확한 표현이라고 할 수 있다. 즉 매커니즘을 통해 감정인 B와 거의 동시에 C라는 것이 함께 생겨나는 것이다. 다시 말해, 습관화된 감정과 동시에, 혹은 조금 앞서서 발생하는 C가 있다는 뜻이다. 여기서 C가 의미하는 것은 바로 '생각'이다.

　　보다 일반적인 경우에, 어떤 상황과 맞닥뜨려서 감정이 발생하는 순간 습관화된 생각도 함께 발생한다는 것이다. 즉 잘 기억나지 않아서 그렇지 감정이 나타나기 직전에 생각이 스쳐가는 경우가 많다. 예컨대 대인 공포증이 있는 사람은 모르는 사람과 만나는 순간, '저 사람은 나를 이상하게 볼 거야' 또는 '나를 싫어할 거야'라는 생각이 먼저 발생하여 순식간에 스쳐가고, 그 이후에 그 생각과 함께 내면에서 발생한 불안이 지속되는 것이다. 그리고 나서 당시에 발생했던 생각은 기억나지 않고, '그저 사람을 만나기만 하면 나도 모르게 불안해진다'는 식으로 내면 속의 감정만 기억날 것이다. 요컨대 습관화된 생각을 조절할 수 있어야 습관화된 감정 또한 쉽게 조절할 수 있다.

이렇게 이전의 생각에 감정이 습관화된 경우는 동물에게서도 찾아볼 수 있다. 그것은 서커스단에서 코끼리를 길들이는 법을 통해 짐작해 볼 수 있다. 우선 어린 코끼리를 쇠사슬로 단단하게 묶어 놓는다. 어린 코끼리는 자신의 온 힘을 다해 도망가려고 하지만 힘이 약해 쇠사슬을 끊지 못한다. 이후 세월이 흘러 어느덧 덩치가 커진 코끼리는 그 사슬을 끊을 힘이 생겼어도 이전의 생각에 사로잡혀 도망갈 시도조차 하지 않는다. 코끼리의 머릿속에 '이 쇠사슬은 내가 끊을 수 없어'라는 생각이 습관화되었기 때문이다.

이 같은 경우는 사람에게도 적용할 수 있다. 지금 자신이 처한 상황과는 맞지 않는 잘못된 생각과 감정의 습관이 마음속에 많이 자리하고 있다. 이제라도 나도 모르게 습관이 되어 버린 과거의 생각들을 점검해 봐야 한다. 이것이 지금 상황, 현재의 나에게도 적절한지 확인해야 한다. 지금까지 자신의 머릿속에 고착화된 생각들도 재입력해 줘야 하는 것이다. 버릴 건 버리고 새로운 데이터를 채워서 현재 상황에 더 맞도록 해야 한다.

자, 이럴 경우에 감정 수첩을 이용하자. 자신을 불편하게 하는 감정이 생겨날 때마다, 그 순간에 스쳐 지나가는 생각을 정확히 찾아서 수첩에 적자. 이 생각은 매우 빨리 나타났다 사라지기 때문에 감정이 발생하는 순간 곧바로 적어야 한다.

그러고 나서 시간이 얼마간 흐른 뒤 다시 수첩을 꺼내 적어 놓은 생각을 살펴본다. 수첩 속의 생각이 과연 적절한지, 한 발짝 떨어져서 객관적으로 볼 수 있도록 노력한다. 이러한 과정을 통해 자신이 생각했던 것의 문제점들이 보일 것이다. 너무 지나쳤을 수도 있고, 너무 과도했을 수도 있다.

만약 수첩 속에 적어 둔 생각이 맞지 않는 것이라고 판단되면, 그 옆에 가능한 한 합리적이고 적절한 생각을 다시 적어 놓는다. 다음에 또 비슷한 상황 속에서 그러한 생각이 들면, 뇌가 시키는 대로 따라하지 말고 옆에 적어 놓은 대로 생각하겠다고 다짐한다. 이렇게 하면 합리적으로 수정된 생각을 새롭게 습관화할 수 있다.

9-3.
부정은 긍정으로 바뀔 수 있다

일부 사람들은 자신의 운명에 대해 일종의 분노를 가지고 살아간다. 그들은 애써 말하길, 운명이 나쁜 상황을 몰고 왔으며, 자신은 별다른 방법을 취할 수가 없었다고 한다. 즉 그들의 말에 따르면, 그들이 지닌 열정과 노력과 도전에도 불구하고 그들에게는 실패가 예정되어 있었다. 그들의 인생은 장난스러운 운명의 손안에 놓여 있을 뿐이다.

누군가 운명이 무엇이냐고 물으면 유전적 특징을 대답하는 사람들이 있다. 이런 종류의 사람들은 타고난 신체적, 생물학적 기질이 개인의 능력치와 과업을 결정한다고 생각한다. 그것은 이미 사람이 어머니 뱃속에 잉태되어 태어나기 전에 정해졌기 때문에 그들이 할 수 있는 일은 거의 없다는 것이다.

또 일부 사람들은 운명이 '행운을 얻느냐 못 얻느냐의 차이'라고 대답한다. 그들의 말에 따르면, 그들의 삶은 오로지 운에 따라 결정된다. 그들에게 우리의 세상은 무작위적이고 변칙적인 곳이다. 들도 보도 못한 희한한 부적으로 잠시 행운을 끌어오기도 하지만, 대부분의 경우 그들은 자신에게 다가오는 일(사건, 사고)에 별다른 통제력을 행사하지 못한다. 그들은 대개 수동적이고 무력하게 그저 찾아오는 고통을 그대로 받아들이거나, 반대로 무력감을 상쇄하기 위해 과도한 고집과 억지를 부리기도 한다.

또 일부의 사람들은 우리의 삶에는 법칙이 있다고 믿으며 업(業)의 개념을 받아들이기도 한다. 여기서의 업은 원인과 결과를 뜻한다. 즉 우리는 자신이 뿌린 대로 거둔다. 우리의 생각과 말과 행동은 업의 영역에 많은 영향을 미친다. 그리고 적절한 조건이 형성되면, 심지어 그것이 전생에서의 인연일지라도 우리가 뿌린 그대로 반드시 꽃을 피운다. 원인과 결과의 고리는 여러 가지 조건과 맞물려 복잡하게 얽혀 있다. 업을 믿는 사람들은 자신의 생각과 말과 행동이 언젠가는 자신들이 행한 그대로 결과를 맺을 것을 알기에 항상 신중한 태도를 취한다.

반면에 운명은 곧 신의 의지를 뜻한다고 믿는 사람들이 있다. 그들에 따르면, 인간의 삶은 신성한 계획에 따라 진행된다. 따라서 인간은 신의 뜻에 따라 살아가며 신의 기대에 부합하는 축복된 삶을 살기 위해 끊임없이 노력해야 한다. 또 일부에서는 신의 축복과 신의 전능하심, 생명의 거룩함, 희미한 두려움 등의 인도를 받아 신의 뜻을 좇는 사람들도 있다.

인간이란 어떠한 의미를 추구하는 존재다. 많은 사람들이 우리가 살고 있는 이 세상을 이해하고자 노력한다. '왜 그런 일이 일어났을까?' 하는 문제는 보이지 않는 차원에서 우리에게 많은 영향을 미친다. 어쩌면 이 같은 질문이 우리의 행동과 반응을 결정한다. 또한 일상에서 마음속의 성냄과 평화로움의 수준도 결정한다.

일반적으로 사람들은 자신에게 일어난 일의 원인을 알면 인생을 좀 더 잘 통제할 수 있을 것으로 생각한다. 그들은 스스로 현명한 선택을 내리고 옳은 삶의 방향을 찾는 데 모든 에너지를 쏟는다. 그렇기 때문에, 왜 그런 일이 일어났는지, 또는 앞으로 어떤 일이 일어날지 알지 못하면 불안해한다. 이런 불안을 피하기 위해 사람들은 나름의 방식으로 지금 벌어지는 일을 해석하고 설명하려고 애쓴다.

만약 우리가 모든 일에는 신의 뜻과 의지가 작용한다고 믿는다면, 비록 자신이 원하는 결과를 얻지 못하더라도 실패라는 감정을 느끼지는 않을 것이다. 혹은 우리가 업의 법칙을 믿는다면, 받아들이기 어려운 일을 겪더라도 그것을 우리의 행동과 생각, 즉 업의 결과로 흔쾌히 받아들일 것이다. 앞에서 설명한 이 같은 관점들은 자신이 맞닥뜨린 일(상황)을 좀더 큰 맥락에서 바라볼 수 있게 해준다.

예컨대 만약 안 좋은 일을 겪을 때는 그것을 과거의 악업을 소멸하는 과정으로 이해할 수 있다. 결국, 부정은 긍정으로 전환될 수 있다는 말이다. 만약 우리가 어떠한 가치 있는 중요한 일을 배워 교훈을 얻기 위해 세상에 태어났다고 믿는다면, 벌어지는 모든 일을 배움과 성장의 긍정적인 계기로 해석할 수 있다.

명확하고 긍정적인 관점은 우리를 진취적이고 보다 더 긍정적인 생활로 이끈다. 반면 우울과 혼돈, 허무주의를 조장하는 관점들도 있다. 자신을 바람에 흔들리는 나뭇잎이나 어두운 세력의 피해자로 인식하는 대신 신의 뜻이나 업의 법칙에 따라 인도되는 존재로 받아들인다면, 우리는 곤경에 처하더라도 건설적이고 생산적인 방법으로 대처할 수 있다. 그때 취하는 우리의 행동은 단순한 반응의 차원을 넘어 새로운 결과, 즉 긍정적인 업을 창조하는 일이 된다.

우리는 부정적인 관점에서 행하는 행동 하나하나가 언젠가는 되돌아온다는 사실을 알고, 행동을 주의 깊게 선택할 것이다. 그러나 삶이 무작위적인 운의 결과일 뿐이라고 믿는 동안에는 삶이 주는 고통과 고뇌에 휩싸여 다분히 격정적이고 혼란스러운 반응으로 세상일에 대처할 수밖에 없다.

9-4.

우울증은 사랑에 대한 신호다

현대사회에서 우울증은 가장 심각한 질환의 하나로 손꼽힌다. 세계 여러 국가에서 엄청난 수의 사람들이 우울증 치료를 받고 있다. 우울증이란 우울한 정서를 지속하게 하는 정신병적 무력함에 지배당하는 상태를 통칭하는 단어다. 우울증은 선천적으로 호르몬의 이상을 겪는 경우를 포함하여 많은 원인에서 유발될 수 있으며 매우 다양한 증상으로 나타난다.

그렇다고 해서 우울증이 드러나는 방식을 전부 알아야 할 필요는 없다. 만약 특정한 조건(상황) 탓에 발생한 무력감이 식사와 수면을 어렵게 하고 사고와 불안 장애까지 일으키고 있다면 반드시 전문가의 진단과 처방이 필요하다.

심리학에서는 자신을 향한 화나 분노를 우울증으로 정의한다(물론 이 정의가 적합하지 않은 경우도 분명히 있다). 더 자세히 말하면 좌절, 적개심, 겉으로 드러나지 않는 분노로 가득 찬 사람이 자신의 내면 심리를 표현할 만한 별다른 방법을 찾아내지 못한 상태를 말한다. 이

때 분노는 자신의 내면을 향하게 되며 무기력함, 절망감, 무관심, 실망감을 만들어낸다.

우울감에 빠져 있는 사람은 인생에서 열정과 즐거움을 느끼지 못한다. 그는 자신을 둘러싼 바깥세상에 자신의 내면을 투사하기 때문에 언제나 최악의 결과를 예측하게 되며, 심지어 자신과 그다지 관계 없는 일에서도 실망과 절망의 감정을 갖게 된다. 그도 아니라면, 매사에 냉소적인 사고방식이 단단하게 뿌리 내릴 수도 있다. 우울감에 빠진 사람이 가지고 있는 이런 부정적인 가치관은 '예기불안'으로까지 발전할 가능성이 있다. 우울감으로 인한 엄청난 두려움과 불안감은 곧 극단적인 재앙이 생길 거라는 상상을 불러일으킬 수 있기 때문이다.

정확하고 명쾌한 '현실 자각'과 '예기불안'으로 발전할 수도 있는 '근심 걱정' 사이에는 언제나 적절한 균형이 필요하다. 더구나 요즘은 일상생활 곳곳에서 실질적인 테러의 위협 속에서 살고 있기에, 이런 균형 잡힌 가치관에 대한 탐구는 더욱 중요하다고 볼 수 있다. 전 세계 여러 곳에서 들려 오는 사고 소식에 노출된 많은 사람이 이미 우울과 불안 증세를 겪고 있다.

하지만 우리의 상상력이 얼마든지 조작해 낼 수 있는, 그러나 실현 가능성은 적은 그런 근심 속에 빠져 지내는 것은 건강하지 않은 상태다. 우울증을 겪는 사람은 자신의 부정적인 내면 심리를 외부 사건에 투사하는 오류에 빠지기 쉽다. 그럴수록 예기불안은 점점 더 그럴듯하게 느껴진다.

지금 자신이 맞닥뜨리고 있는 현실 상황에 최선의 방법으로 대응하기 위해서는 현실을 명확하게 보고 지금 순간순간에 최선을 다하며 살아야 한다. 그럼으로써 우리는 안전한 장소와 현명한 대처법을 즉시 찾아내도록 도와주는 '균형감각'을 얻을 수 있다. 그리고 적절한 시기에 적절한 행동을 할 수 있게 된다.

앞에서 살펴보았듯이, 우울증은 온갖 종류의 통증, 결림, 장애, 만성질환 등을 유발할 수도 있다. 삶 속에서 적절히 표현되거나 처리되지 못한 부정적인 감정들은 방향을 바꾸어 다양한 신체 질환으로 모습을 드러낸다. 물론 필자는 그 같은 질환을 겪는 사람을 비난하거나, 그 고통이 가짜라고 주장하려는 것은 아니다. 다만 정신신체 질환의 독특한 원인과 동력이 주로 우울증에서 발견된다는 사실을 알려주려는 것뿐이다.

부정적인 감정들은 신체질환으로 쉽게 바뀐다. 다시 말해, 그런 질환들은 관심과 도움과 사랑을 받고 싶다는 간절한 외침이다. 어떤 경우에는 '독립하고 싶다, 관심받고 싶다, 사랑과 보살핌을 받고 싶다' 등의 속마음을 표현할 수 있는 방법이 우울증밖에 없을 수도 있기 때문이다. 아니면 다른 사람을 통제하고 조종하거나, 자신의 욕구를 관철시키는 손쉬운 방법으로 질환을 만들어내고 있는지도 모른다. 이처럼 자신의 내면 속에 잠재된 우울과 분노는 종종 제 모습을 숨기고 변장하여 각종 질환과 통증으로 나타나곤 한다.

9-5.

복수심으로 파괴되는 것은 바로 자신이다

만약 우리가 상처받고 배신당하고 모욕과 무례함의 표적이 되면, 우리는 받은 만큼 되돌려줌으로써 손해를 만회하고 정의를 바로 세우려는 (상당히 즉각적인) 반응을 보인다. 우리는 자신이 부당하게 피해를 입었다는 사실을 증명하고자 애쓰며, 상대방을 무너뜨리고 고통에 빠뜨린다.

이처럼 상대방에게 복수를 하는 방법은 매우 다양한데, 그중에서도 가장 적극적이며 극단적인 방법은 직접 가해자를 찾아가 면전에 비난을 퍼붓는 일이다. 가해자를 법적으로 고소하거나, 항의 편지를 보내거나, 기타 용인된 방법으로 복수를 할 수도 있다. 또는 곧장 반격하지 못했을 경우, 피해자는 은밀하게 가해자에게 복수할 궁리를 한다. 피해자는 받은 대로 되돌려줄 기회만을 엿본다.

때로 복수심은 눈에 띄지 않으면서도 잔인한 방법으로 나타난다. 상대방을 문전박대하고, 전화를 받지 않고, 근거 없이 악의적인 소문을 퍼뜨리고, 친구 사이를 이간질하고, 모임에 초대받지 못하거나 승진에서 탈락하도록 훼방을 놓는다. 그러나 이런 복수심에 가득 찬 행동으로 상대방은 일자리를 잃을 수도 있다.

그러나 이와 같이 위험한 복수심의 대가는 가해자보다 복수를 실행한 피해자에게 더 많이 돌아간다. 모든 잘못을 가해자에게 돌리고 비난을 쏟아붓는 것은 가장 쉽고 만족스러운 결론이다. 그러나 한 호흡을 돌리고 더 넓은 시야로 전체적인 상황(복수를 하게 되기까지)을 살펴보기 위해서는 커다란 용기와 지혜와 성숙함이 필요하다.

'복수'는 온 세상에 자신이 웃음거리가 아님을 선언하고 힘과 통제력을 되찾기 위한 수단이다. 그러나 이 게임에 승자는 없다. 자신이 당했듯 가해자에게 똑같이 행한 복수는 힘을 증명할 수 없다. 오히려 복수는 스스로의 무력함과 나약함에서 비롯되며, 자기 자신의 명예를 회복할 만한 마땅한 방법을 찾지 못할 때 발생한다. 상대방으로부터 피해를 입은 데 대해 거대한 분노를 느끼는 것은 그만큼 무력하다는 증거이기도 하다. 실제로 분노는 상처와 무력감과 패배에 대한 즉각적인 반작용에 불과하다. 이러한 복수는 상황을 악화시키기만 한다. 복수는 잘못된 부분을 바로잡지 못하고 오히려 복수를 꿈꾸는 사람을 망가뜨리고 절망의 나락으로 떨어뜨린다. 대체로 그들은 그 어떤 결론에도 만족하지 못한다.

상대방에게 복수를 하려는 욕망은 종종 망상 또는 집착으로 발전하기 마련이다. 복수 이외의 다른 일에는 흥미를 느끼지 못하므로, 자신의 인생은 점점 더 복수에 대한 생각으로만 가득 차고 어두워진다. 복수에 대한 생각에 중독된 사람은 그 밖의 일에서는 아무런 의미를 찾지 못한다. 오로지 상대방에게 보복할 방법이 떠오를 때까지 그의 인생 전체가 어둠의 뒷골목으로 밀려난다.

이뿐만이 아니다. 복수심은 종종 가해자에 대한 분노를 다른 사람들에게 전이하는 또 다른 위험한 결과를 발생시키고 만다. 예를 들어, 피부색이 검은 사람에게 피해를 당한 사람은 곧 그 인종 전체를 싸잡아 비난한다. 이처럼 단 한 명을 향한 복수심은 점점 폭을 확장하여 그가 속한 집단 전체의 본모습과 결백함을 간과하도록 만든다.

요컨대 복수는 맹목적이다. 복수심은 이성적인 눈을 멀게 하고 죄 없는 사람들까지 공격하도록 부추긴다.

우리 주변에서 흔히 볼 수 있는 정신질환의 주된 원인은 바로 복수심이다. 끝없이 이글거리는 복수심은 치명적인 독과 같다. 대체적으로 사람들은 이 무서운 독을 밖으로 드러내기보다 내면에 지니고 살아가는 길을 택한다. 대개 복수를 꿈꾸는 사람은 과거를 결코 잊지 않겠다고, 다시는 그런 일을 겪지 않겠다고 다짐한다. 또한 가해자에게 복수할 기회를 맞닥뜨렸을 때 그것을 절대 놓치지 않겠다고 자신에게 맹세한다.

복수를 꿈꾸는 사람의 내면에 가득 찬 분노와 원한은 창조적인 삶, 열린 마음, 사랑, 여가, 신뢰 등을 차단한다. 자신의 고유한 재능을 발휘하거나, 더 중요하고 의미 있는 삶을 꾸리는 일도 불가능하다. 복수심에 빠져 있는 사람은 피해를 입은 상황에서 헤어나지 못한다. 그 일을 떠나보낼 수도 없고, 삶에 신선한 기운을 불어넣을 수도 없다.

어느 날 갑자기 날벼락처럼 경훈의 아내가 사라졌다. 그동안 그녀는 경훈에게 행복하지 않다고 수없이 털어놓았고 변화를 시도해 보자고 부탁했지만, 그는 아내의 말을 심각하게 받아들이지 않았다. 오히려 경훈은 원래 여자란 불평 많은 존재라고 생각했다. 두 사람은 서로에게 만족하지 못했다.

경훈은 아내에게 최선을 다해 왔다고 느꼈다. 그는 자신이 모범적인 남편이라고 믿었다. 경훈은 열심히 일을 했고, 약간의 용돈을 제외한 월급 전부를 아내에게 맡겼다. 그는 약속 시간을 잘 지켰고, 퇴근 후에도 친구들과 노는 대신 일찍 집으로 돌아왔다. 또 아들과 주말 내내 야구를 하며 놀아줄 만큼 자상한 아버지였다.

그러나 자신을 좀더 사랑해 달라는 아내의 요구만은 귀찮게 여겼다. 아내는 둘만의 시간을 더 많이 갖고 남편이 낭만적인 애정 표현을 해주기를 바랐다. 반대로 경훈은 아내가 연애소설을 너무 많이 읽었다고 생각했다.

어느 날 아침, 아내가 사라졌다는 사실을 안 경훈은 충격을 받았을 뿐 아니라 격분했다. "나에게 이럴 수는 없어." 하고 경훈은 되뇌었다. 그는 자신이 너무 잘 대해 줬기 때문에 아내가 떠났다고 생각했다. 경훈은 이제 부드러운 남자가 아니었다. 바로 그날부터 경훈은 복수를 꿈꾸었다.

9-6.

긍정의 감정으로 옮겨 타는 법

사람의 감정이란 천천히 변할 때도 있지만 돌발적으로 급작스럽게 변하기도 한다. 기분이 안 좋다가도 어떤 계기로 인해 순간적으로 좋아질 수 있는 것이다. 특정 상황은 순간적인 감정 변화를 가져올 수 있다.

상황에 따라 조건화된(습관이 된) 감정은 큰 힘을 지닌다. 순식간에 기분을 바꿀 만한 능력이 있는 것이다. 그것이 바로 감정습관의 놀라운 힘이다.

이 힘을 이제 자기 자신에게 유리한 방향으로 이용해 보자. 즉 특정한 자극(상황)에 기분 좋은 감정들을 습관화시켜 놓으면 기분 나쁜 순간, 불안한 순간, 무서운 순간에 맞닥뜨려도 특정 자극을 이용해 기분을 좋아지게 만들 수 있고, 안정감과 자신감 등을 순식간에 회복할 수 있다.

자신이 앞으로 가고 싶은 곳이나 과거에 가봤던 곳 중에서 마음이 편해지는 장소를 하나 생각해 보자. 그 장소는 현실 속에 실제로 존재하지 않아도 좋다. 자신의 머릿속에 있는 상상 속의 장소라도 자신이 그곳에 가면 편해질 장소를 만든다. 예를 들어, 조용한 바닷가를 상상해도 좋고, 편한 숲속 산책로를 상상해도 좋다. 그 밖에 호수나 초원 등 어디든 좋다. 자신이 그곳에 가면 몸도 마음도 편안하게 이완될 만한 장소를 상상하자. 그런 다음 그 장소를 대표할 만한 사진 한 장을 찍는다고 생각하자.

가령 자신이 상상한 곳이 숲속이라면 그 숲속을 가장 잘 나타낼 만한 사진 한 장의 이미지를 머릿속에 떠올리는 것이다. 그 이미지(사진 한 장)를 머릿속에 잘 간직하고 금세 꺼내 볼 수 있도록 익숙하게 해 두자.

두 번째로 각자에게 알맞은 주문을 만들어 보자. '아라비아 비따'도 좋고, 뭐든 상관없다. 자기에게 좋은 말이면 된다. '편안하다' '자신 있다' '나는 달라진다' 등은 흔히 사용하는 주문이다.

마지막으로 몸의 감각을 이용해 보자. 가장 좋은 것은 복식 호흡이다. 숨은 가능한 한 천천히 쉬는 것이 좋으며 처음부터 무리해서는 안 된다. 일단 평소와 같은 속도로 숨을 쉬어 보고, 나아가 복식 호흡을 하는 것에 집중한다. 장치로 사용할 편안한 장면을 떠올려 보자.

복식 호흡은 자신의 몸의 긴장을 줄여 주고 편안하게 해준다. 또한 교감 신경계를 안정시켜 준다. 이렇게 몸이 이완되고 안정되는 느낌을 통해 자신의 마음도 편하게 해 주며 기분 좋은 감정을 불러오는 좋은 장치가 되어 줄 것이다.

하루에 한 번 이상 시간을 정하자. 20분 정도의 시간이 필요하다. 그리고 자신이 가장 편안하게 있을 수 있는 장소를 정한 뒤 안락한 의자에 앉아 복식 호흡을 시작하자. 동시에 머릿속에는 사진처럼 기억해 둔 이미지를 꺼내 두고, 그 장소에 가 있는 나를 떠올린다. 이제 마음이 편해지고 안정되도록 노력하자. 그리고 중간중간 자신만의 주문을 되뇌이자.

이렇게 하루에 20분 정도씩 꾸준히 시행해 보자. 자신이 만든 장치를 작동시키고, 그를 통해 몸과 마음이 편하고 기분이 좋아진 상태를 유지하는 것이다. 머릿속에 편안한 장소를 떠올리고 복식 호흡을 하면서 편안한 느낌과 행복한 기분을 최대한 느끼자. 머릿속의 장소를 생생하게 떠올릴수록, 그 장소에서 들리는 소리, 감촉, 냄새 등을 진짜처럼 상상할수록, 기분이 좋아질 것이다.

이러한 과정은 하루에 몰아서 집중적으로 하는 것보다 짧은 시간이라도 꾸준히 거르지 않고 해 나가는 것이 중요하다. 습관은 꾸준히 반복될 때 강하게 형성되는 법이다. 이런 과정을 통해 '감정 장치→기분 좋음'이라는 습관이 생길 것이다. 그 후에는 평소 연습한 대로 이미지를 떠올리며 주문을 외우고 복식 호흡을 하면 장치가 켜지고 기분 좋은 느낌을 가질 수 있다. 기분이 나쁘거나 화날 때 즉시 장치를 켜자. 큰 도움이 될 것이다.

기분이 한 번에 나빠질 수 있듯이 순식간에 좋아질 수도 있음을 잊지 말자. 장치를 켜면 방금 전의 나와 다른 내가 된다는 확신을 가져 보자. 우리에게는 강력한 변신 주문이 있음을 알아두자. 평소 연습해 두었던 감정 장치 말이다.

9-7.

모든 것의 마지막은 언제나 사랑이다

일반적으로 사람들은 다른 사람의 공격적인 행동을 두려워하며 살아간다. 그래서 그들의 삶은 대부분 방어적인 태도로 일관되기 마련이다. 그러나 참으로 묘하게도, 세상살이라는 것이 어떤 것을 피하고자 할수록 그것에 더 많이 얽매이게 된다. 어떤 일에 대해 골똘하게 생각하는 것은(그것을 피할 방법을 찾는 중이라도), 어쨌든 그 일을 마음속에 오래도록 지니고 있는 것이다. 우리가 잘 알고 있다시피, 마음속에 자주 등장하는 것은 곧 현실이 된다. 그 마음이 긍정적인 마음이든 부정적인 것이든 간에.

예를 들면, 상처받거나 놀림당하는 것에 대한 두려움은 자신의 삶을 심각하게 제한하곤 한다. 그러한 두려움 때문에 스스로 의심하고, 다른 사람들의 눈치를 보고, 누구보다 앞서 마음을 닫고, 자신만 아는 독선적인 사람이 된다. 이런 상황은 창살만 없을 뿐이지 감옥이나 다름없다.

우리는 모두, 스스로 동의하지 않는 한 아무도 우리에게 상처를 줄 수 없다는 사실을 깨달아야 한다(물론 신체적인 폭력은 예외다). 다른 사람의 말과 행동은 우리를 직접적으로 해치지 못한다. 그것은 단순히 그들이 내뱉은 것에 불과하다. 그러나 그것을 자신이 어떻게 받아들이고 해석하는가에 따라서 스스로를 괴롭히는 고통과 슬픔으로 작용한다.

상처받지 않기 위한 최선의 방어는 스스로의 참모습, 재능, 가치, 진리에 집중하고 자신을 긍정적으로 평가하는 것이다. 상대방의 행동에는 자기 자신이 아니라 오히려 그들 자신에 대한 정보가 더 많이 담겨 있다는 사실을 잊지 말아야 한다. 상대방이 자신을 거부하더라도, 그것은 자신이 사랑과 보살핌을 받을 만한 가치가 없는 존재여서가 아니다. 그의 거부는 단순히 그가 행한 선택일 뿐이다.

알고 보면, 우리는 그들의 행동 자체가 아닌, 스스로 만들어낸 해석(자신의 생각이 생산해 낸) 때문에 괴로워한다. 만약, 스스로 그들의 부정적인 견해에 동의하고 자신을 그런 존재로 느끼면 그것은 곧 현실이 되고 만다. 우리는 자신의 견해를 분석하고 성숙시키는 대신, 외부의 견해를 아무 비판 없이 받아들이는 오류를 범하곤 한다.

흔히 우리는 다른 사람에게 특정한 행동과 모습, 또는 우리의 호의에 대한 보답을 기대한다. 우리는 그들 자체의 모습을 인정하고 그들과의 인연을 소중히 여기기보다는 그들이 자신의 욕구에 충족되는 행위를 해주기 바라는 요구만을 끝없이 쌓아 올린다. 진정한 관계를 맺는 대신, 욕구를 충족시키기 위해 그들을 이용한다. 그리고 이런 태도는 반드시 실망과 고통을 불러일으킨다.

그렇다. 우리의 고통은 아무 조건 없는 사랑을 믿고, 인연의 소중함을 깨달을 때에야 비로소 사라진다. 모든 것의 마지막은 언제나 사랑이기 때문이다.

붓다는 모든 혼합물은 반드시 분해된다고 말했다. 즉 만남이 있으면 헤어짐이 있고, 사랑하는 사람들도 언젠가는 결국 이별을 고할 것이다. 이것은 불변하는 자연의 섭리다. 인생의 순환 과정을 충실히 이해하여 일시적인 것을 애써 붙잡으려 하지 말아야 한다. 그리고 누구나 자기 자신의 본모습대로 살아갈 권리가 있음을 존중할 때, 우리가 겪는 고통과 상처와 분노는 급격하게 줄어든다. 그리고 사랑은 영원히 소멸하지 않으며 무한히 퍼져간다는 분명한 진리를 깨닫는다.

은영은 어린 시절 다른 사람도 아닌 자신의 어머니로부터 수없이 바보 취급을 당했다. 어머니는 대놓고 창피를 주었고, 은영의 모든 실수를 비웃었다. 그녀는 은영이 하는 일들을 모조리 웃음거리로 만들었다. 은영은 자라면서 다시는 이런 수모를 겪지 않겠다고 다짐했다. 그리고 어머니에 대한 분노 때문에 방어벽 속에서 사는 법을 터득하게 되었다.

은영은 누구와도 감정을 교류하지 않았다. 그녀는 활발하고 쾌활하고 붙임성 있게 행동했지만 그것은 겉모습일 뿐이었다. 은영은 옆 사람과 친구가 된다는 것이 어떤 의미인지 알지 못했고, 소중한 사람들은 물론 자신조차 믿지 못했다.

그녀는 연애할 나이가 되었지만 어떤 남자와도 오래 관계를 맺지 못했다. 자기 감정을 표현할 줄도, 호의를 갖고 다가오는 사람들을 받아들일 줄도 몰랐다. 은영은 상처받고 거부당할 것을 두려워했지만 오히려 그 두려움이 시련을 불러왔다. 남자 친구는 그녀를 거부하고 떠나 버렸다. 다음 번 남자도 똑같이 그녀를 떠났다. 바로 그녀의 차갑고 무관심한 태도 때문이었다.

Tip

안타까운 일이지만, 복수심과 복수에 대한 환상은 대단히 흔하게 일어난다. 상처를 받거나 다친 사람은 상대방을 자신이 당했던 것과 똑같이 공격함으로써 자신의 상처를 치유하고 정의를 바로잡을 수 있다고 생각한다. 이렇게 우리는 분노와 광기에 사로잡힌 채 상대방과 같은 수준으로 떨어진다. 복수에 대한 생각을 키우는 것은 독을 품는 것과 같다. 이런 화는 점점 자라나 당사자의 온전한 정신에 악영향을 끼치며, 원하는 방식으로 복수를 실행할 능력을 갖춘 이후에도 결코 충족되지 않는다. 증오와 분노로 불타는 사람은 분명 삶에서 그 이상을 잃게 된다.

긍정의 온도를 마치며

내 차에는 내비게이션이 없다. 있으면 편하겠지만 선뜻 달고 싶은 생각이 들지 않는다. 그보다 긍정의 지도가 더 좋다. 다음과 같이 긍정의 지도를 펼쳐놓고 쭉 훑어보면 참 재미가 있다. 특히 삶에서 구불구불, 들쭉날쭉 이어진 삶의 무게를 보면 볼수록 경이롭다. 긍정의 지도에 기대어 여행하다 보면 결국 스스로 결정하게 하고 그 과정을 더욱 분명하게 기억하도록 만든다. 나의 긍정의 지도가 꽤 쓸만하다.

스스로를 사랑하고 존중하려면 가장 먼저 자신에 대해 제대로프잘 알고, 있는 그대로 받아들일 줄 알아야 한다. 그러기 위해서는 무엇보다 자신의 다양한 감정을 잘 알아차리고 그에 대해 적절히 대처할 수 있어야 한다.

트라우마란 개인의 삶에 장기간 영향을 미치는 정신적 상처를 말하는데, 주로 과거에 겪은 충격적 경험에서 비롯된다. 그러나 트라우마는 얼마든지 지울 수 있다. 우리는 과거에 상처 입은 경험을 오래도록 짊어지고 살 필요가 없다. 타인에게 화를 과하게 내고 상대방을 가혹하리만치 몰아가는 사람들을 보면, 자기 자신에게도 불만이 많고 스스로를 가혹하게 대하는 경우가 많다. 반면 상대를 존중하고 따뜻하게 대하는 사람들은 자기 자신도 존중하고 따뜻하게 대하는 경우가 많다.

거울에 자신의 모습을 비춰 보자. 먼저 사람들과 함께 있다는 조금은 낯설고 두려운 상상을 하며 얼굴 표정을 관찰하자. 그런 뒤, 당신이 정말 좋아하는 사람이나 가고 싶은 장소를 떠올려 보자. 편안한 자세와 더불어 자연스럽게 따뜻한 미소가 자연스럽게 나올 때까지 거울 앞에서 계속 연습하자. 자연스럽고 따뜻하며 호감 가는 모습을 보일수록 사람들은 당신에게 긍정적으로 반응하게 될 것이다.

이 책의 독자들과 마찬가지로, 나 또한 긍정의 여행을 계속할 것이다. 처음 마음 가는 곳이라면 색다른 충만감을 안고 돌아올 것이고, 이미 내 마음의 가본 곳이라고 해도 또 다른 무엇을 느끼고 지금 돌아올 것이다.

인생은 어떠한 완성된 것이 아니듯 나의 인생도 여전히 현재진행형이니까.

인생이 계속되는 한 끊임없이 되물을 것이다.

제대로 살고 있느냐고.

- 《마흔, 마음 공부를 시작했다》 전에 없던 관계와 감정의 혼란에 대하여/ 김병수 저 / 더 퀘스트 / 2019년 10월 11일
- 《감정은 습관이다》 부정의 나를 긍정의 나로 바꾸는 힘 / 박용철 저 / 추수밭 / 2013년 10월
- 《민감한 사람을 위한 감정 수업》 왜 나는 사람들 반응에 신경 쓰고 상처받을까? / 캐린 홀 저, 신솔잎 역 / 빌리버튼 / 2020년 02월 07일
- 《청소년 감정코칭》 최성애·조벽 교수의 / 최성애, 조벽 저 / 해냄 / 2012년 07월
- 《감정조절자》 나를 힘겹게 하는 나와 작별하기 프로젝트 / 김인자 저 / 도서출판 헥소미아 / 2020년 05월
- 《감정도 설계가 된다》 일상의 상처와 분노에 대처하는 심리기술 / 브렌다 쇼샤나 저, 김우종 역 / 빌리버튼 / 2020년 06월 24일
- 《내 인생의 주인으로 살기 위한 감정 수업》 / 장혜진 저 / 미다스북스(리틀미다스) / 2020년 06월 29일
- 《내 아이를 위한 감정코칭》 최성애, 존 가트맨 박사의(개정판) / 최성애, 조벽, 존 가트맨 저 / 해냄 / 2020년 02월
- 《초등 감정 수업》 아이의 자존감부터 엄마의 불안감까지 / 조우관 저 / 유노라이프 / 2020년 05월
- 《딸은 엄마의 감정을 먹고 자란다》 세상의 모든 딸, 엄마, 여자를 위한 자기회복 심리학 / 박우란 저 / 유노라이프 / 2020년 07월
- 《감정의 발견》 예일대 감성 지능 센터장 마크 브래킷 교수의 감정 수업 / 마크 브래킷 저, 임지연 역 / 북라이프 / 2020년 09월
- 《혼자 잘해주고 상처받지 마라》 서운하고 속상한 마음을 들키지 않으려고 애쓰는 당신을 위한 감정의 심리학 / 유은정 저 / 21세기북스 / 2016년 10월
- 《나도 나를 어쩌지 못할 때》 어떤 감정에도 무너지지 않고 나를 지키는 연습 / 캐빈 브래독 저, 허윤정 역, 정우열 감수 / 중앙북스(books) / 2020년 08월

긍정의 온도

초판 발행| 2021년 6월 10일

지 은 이| 이창호

펴 낸 이| 이창호
디 자 인| 이보다나
인 쇄 소| 거호 커뮤니케이션

펴 낸 곳| 도서출판 북그루
등록번호| 제2018-000217
주　　소| 서울특별시 마포구 토정로 253 2층(용강동)
도서문의| 02) 353-9156

ISBN 979-11-90345-11-8 (02190)